*Für viele Eingeborenenstämme auf Borneo und Sumatra war
der Orang-Utan niemals ein Tier, sondern ein menschenähnliches
Wesen, das zurückgezogen und einsam im tiefen Wald auf den
Bäumen lebt.*

ORANG UTANS

Die Waldmenschen von Sumatra und Borneo

Konrad Wothe / Carsten Clemens

Vorwort von Prof. Dr. Biruté M.F. Galdikas

Tecklenborg Verlag

Umwelthinweis:

Der Inhalt dieses Buches wurde auf Papier mit
chlorfrei gebleichtem Zellstoff gedruckt.
Das Einbandmaterial ist recyclebar.

Die deutsche Bibliothek
CIP Einheitsaufnahme

ORANG UTANS
Die Waldmenschen von Sumatra und Borneo
Steinfurt: Tecklenborg Verlag, 1996
ISBN 3-924044-19-8
NE: Wothe, Konrad; Clemens, Carsten

1. Auflage März 1996

© 1996 by Tecklenborg Verlag
Siemensstraße 4
D-48565 Steinfurt

Layout: Jan Tölle, Münster
Lektorat: Ingrid Mende, Münster
Karten: Norbert Wessels, Steinfurt
Lithoherstellung: MAD, Münster

Printed in Germany
Druckhaus Tecklenborg, Steinfurt

ISBN 3-924044-19-8

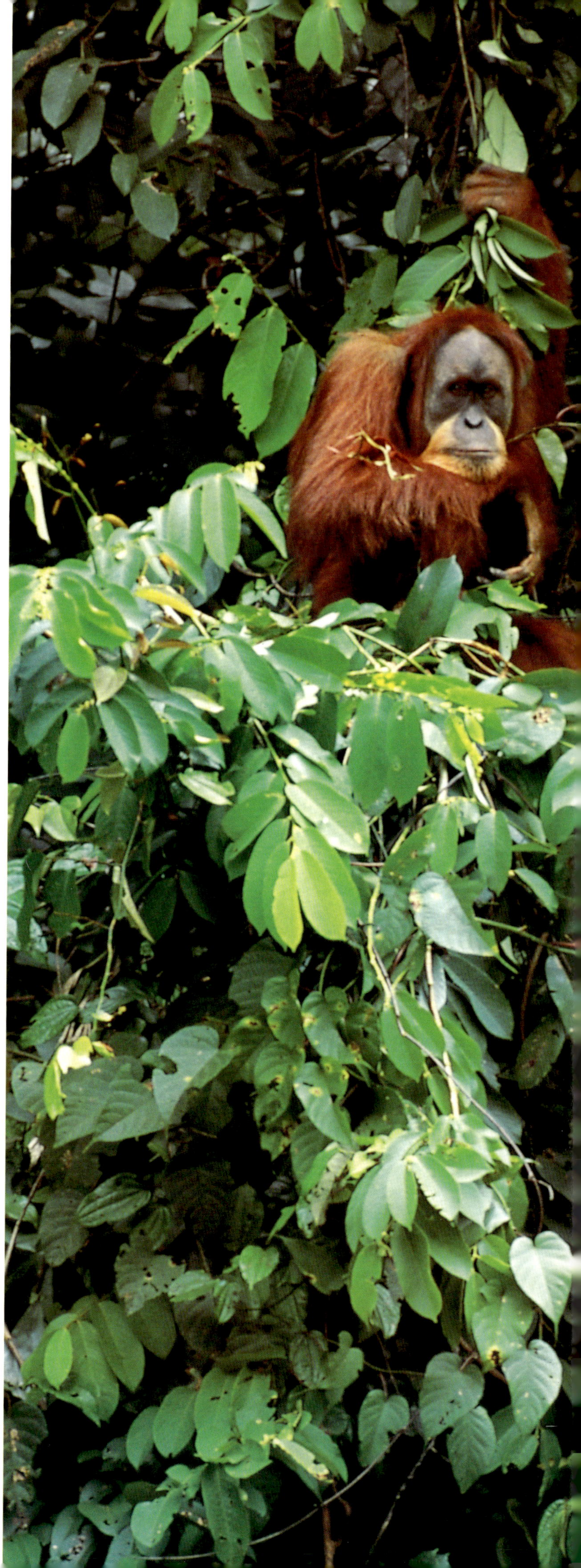

Inhalt

Orangutan affinity with humans is acknowledged in the original Indonesian name for the species, „orang hutan" which literally means „person of the forest". Orangutans are members of a group, the great apes, which are humankind's closest living relatives in the animal kingdom. The African apes, chimpanzees and gorillas, are most closely related to humans, sharing approximately 98 - 98,5 % of their structural genes with us. Orangutans share 97,5 %. Orangutans and humans probably last had an ancestor in common approximately ten million years ago.

The arboreal orangutan is the most highly endangered species of great ape. Orangutans are primarily fruit-eaters dependent on trees and vines for their food. Without ancient primary tropical rain forests, orangutans cannot survive. Found only in relic populations on the islands of Borneo and northern Sumatra, orangutans are in grave danger of extinction as their tropical rain forest

Birutė Galdikas

Orang-Utan (= Mensch des Waldes oder Waldmensch) war bis zum 17. Jahrhundert ein Sammelbegriff der Malaien für kleinwüchsige Eingeborene und eben auch für die haarigen, rotbraunen Geschöpfe in den Bäumen.

habitats are destroyed by farming, clear-cut logging and the conversion of tropical rain forests to timber estates and palm oil plantations. Gold and diamond mining pose new threats to orangutan habitat. In the past, countless orangutans died when their infants were captured for the international pet and zoo trades. In interior Borneo, aboriginal Dayak groups also kill the animals for food. Unfortunately, orangutan life history and their extremely slow reproductive rate (with an average eight year birth interval reported from Tanjung Puting) makes orangutan conservation difficult as does their ecology and absolute need for primary tropical rain forest. As early as the 1930's, colonial laws and legislation in what was then the Dutch East Indies acknowledged the endangered status of the orangutan. Fines for owning an orangutan were the equivalent of a price of a ton of rice. In 1970 the orangutan was added to the U.S. Endangered Species List and import of orangutans into the United States essentially ceased. Orangutans were also placed in Appendix I of the Convention on International Trade in Endangered Species of Wild Fauna und Flora (CITES). However, these measures were not enough because they did not affect habitat.

In any case, while the international trade in orangutans declined, it still continued. During the late 1980's and early 1990's, Taiwan captive orangutan pet population exploded as orangutans became a trendy pet for Taiwanese whose country's booming economy had fuelled a dramatic increase in personal disposable income. Taipei, the capital city, probably had a higher orangutan population density than the forests of Borneo. Taiwan was not the only destination for newly captured orangutan infants. In 1990, for instance, six infants who were being smuggled to Eastern Europe were confiscated in Bangkok Airport by the Royal Thai Forestry Department. In the habitat countries, Malaysia and Indonesia, the domestic orangutan trade, although increasingly conducted underground, widely continues as a result of accelerating habitat decimation. Although both Indonesia and Malaysia (the two countries where orangutans are found) have laws against the capture, selling and keeping of endangered species, such laws were not enforced until recently. Meantime, rehabilitaton centers were established to return numerous confiscated animals to the wild. Unfortunately, the controversies surrounding rehabilitation have served as a red herring to deflect consideration from the real issues facing orangutans as a species. Anyone who argues that any rehabilitation program is a solution to the crisis facing the orangutan species is ignoring reality. Rehabilitation should not become a ping pong game of removing wildborn

Wie der Mensch und viele
andere Affenarten haben Orang-
Utans nur wenige Nachkommen
mit einer hohen Lebens-
erwartung statt vieler Kinder mit
hoher Sterblichkeitsrate.

orangutans from one forest to another. Despite its appeal, rehabilitation alone is a Band-Aid solution. The real answer to the crisis facing orangutans is simple. The real answer is to curb habitat destruction. Protecting all wild orangutans is also crucial. Despite legal protection, the orangutan is clearly on the verge of extinction as a species in the wild. The number of wild orangutans is estimated to be approximately 20.000 to 30.000 individuals. In the last decade orangutans population may have decreased by 30 to 50 %. Only two percent of original orangutan habitat is protected. Some of these areas are being destroyed. Clearly, attention to orangutan ecology und orangutan habitat is essential if the orangutan is to survive beyond the next century as a species in the wild. But orangutan conservation is a complex problem involving such multifaceted issues as human overpopulation, surging economic development and a widening gap between the poor and the newly rich in Southeast Asia. In the past, public attention focused on the African apes. Serious scientific study of wild orangutans began at least a decade after study commenced on chimpanzees and gorillas. Popular Western culture is more familiar with the African apes who regularly populate Hollywood movies and films. A recent example is the Hollywood blockbuster film "Congo" which features a captive signing gorilla beeing returned to the wild. The Orangutan Foundation International was established in 1986 specifically to increase awareness of the wild orangutan's plight and to further encourage and carry out conservation action on behalf of orangutans and their forest habitat. In 1991 the government of Indonesia with the help of OFI sponsored the Second International Great Ape Conference which was held in Jakarta, Pangkalan Bun and Camp Leakey, Tanjung Puting National Park. As the last official event for "Visit Indonesia Year 1991" this conference increased official and public awareness of the orangutan and its plight as an endangered species. Recently, two books ("Reflections of Eden" and "Orangutans in Borneo") have been published, both aimed at the general public. Articles concerning orangutans in newspapers and magazines have multiplied with numerous documentaries featured on television. Nonetheless, the general public still does not have the same awareness of orangutans as it does of the African apes, the big cats or elephants. Endangered species still means mountain gorillas and panda bears. This is why this book of photographs is such a welcome addition to the body of work on orangutans. Mr. Clemens' and Mr. Wothe's book, based on extensive travels in Borneo and Sumatra, the only two places where orangutans are found in the wild, focuses not just on orangutans as individuals but also has a remarkable sense of place. The tropical rain forest which is the orangutans' only home is present as the context and the determinant of their continued survival. Konrad Wothe's photographs bring us not only the noble demeanor of the adult male orangutan, the gentle dignity of the orangutan mother and the sweet, trusting faces of wide-eyed orangutan infants but also gives us a sense of the surprising grace with which the acrobatic orangutans navigate their treetop homes. Understanding is the first step to action. I hope that this superb book of photographs and the interesting text will help spur people to action on behalf of orangutans and their imperiled forests which are in danger of vanishing forever.

Prof. Dr. Birutė M.F. Galdikas • The Orangutan Foundation International

822 South Wellesley Avenue

Los Angeles, California 90049

U.S.A. Tel.: (310) 207-1655, Fax (310) 207-1556

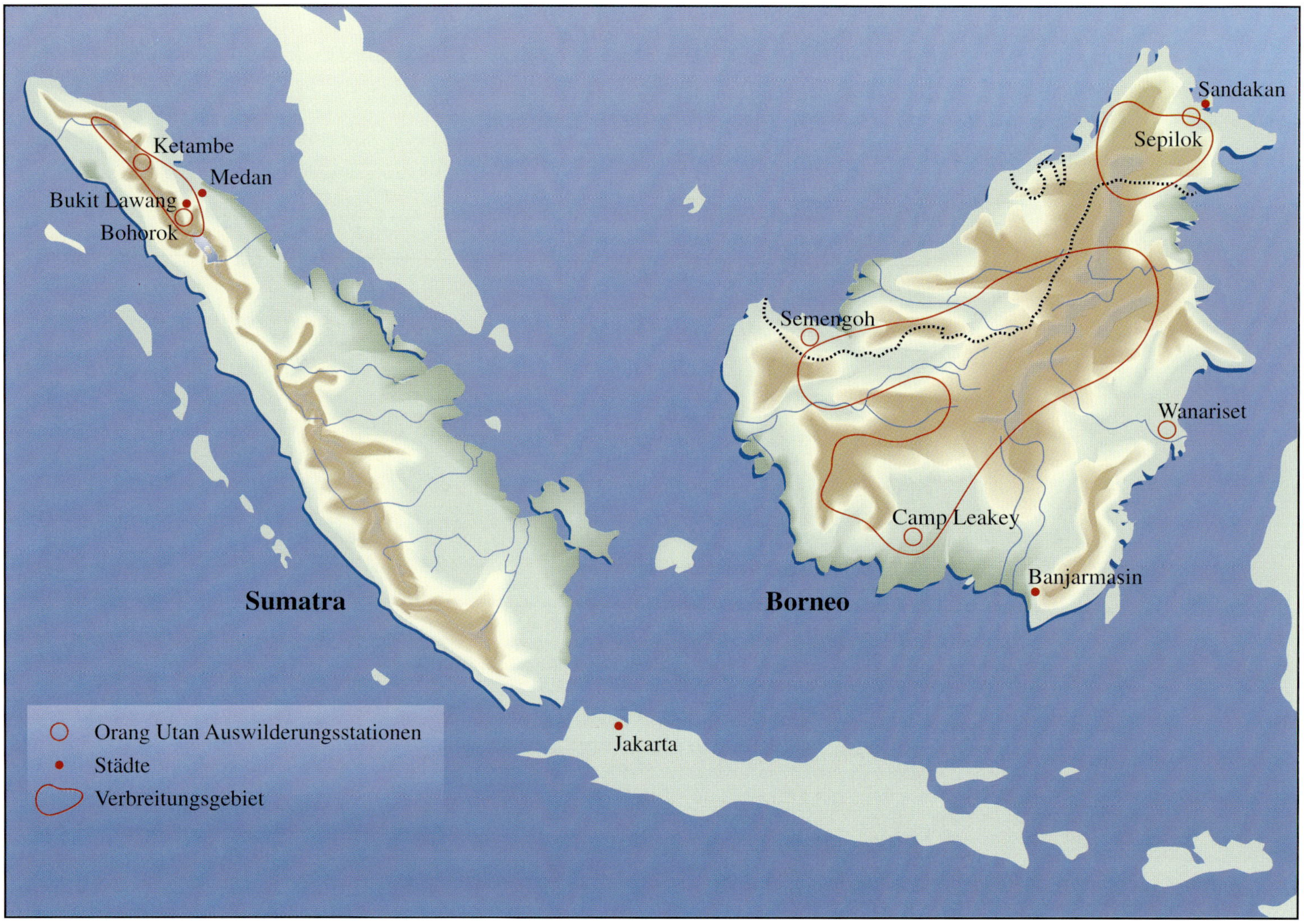

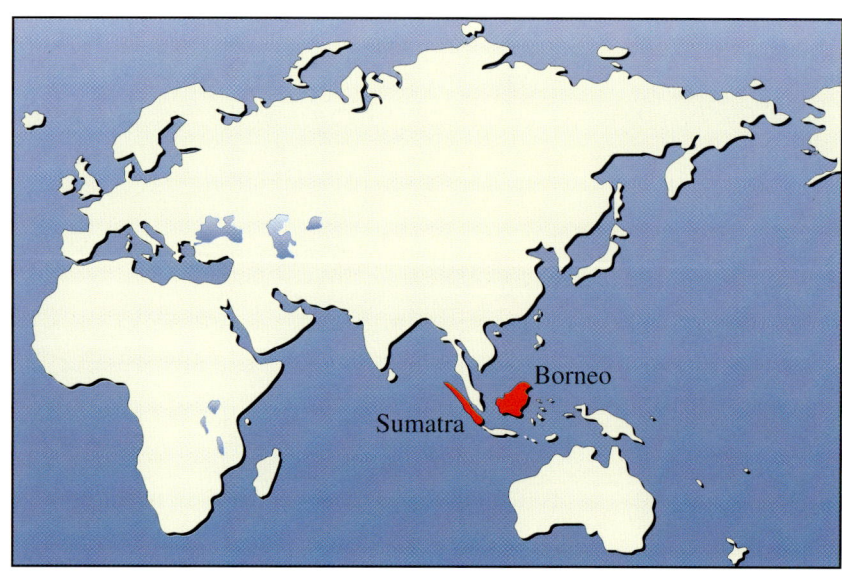

Sandakan

Sepilok

Ketambe

Medan

Bukit Lawang

Bohorok

Semengoh

Wanariset

Sumatra

Borneo

Camp Leakey

Banjarmasin

○ Orang Utan Auswilderungsstationen

• Städte

⬭ Verbreitungsgebiet

Jakarta

Borneo

Sumatra

Der Orang-Utan Mann ist ein Einzelgänger unter den Primaten. Nur selten schließt er sich mit Jungtieren oder Weibchen zu sozialen Kleingruppen zusammen, um z.B. Freß- oder Paarungs- gemeinschaften zu bilden.

Als der Naturforscher Alfred Russel Wallace in der Mitte des vorigen Jahrhunderts den malaysischen Archipel bereiste, schätzte er den Gesamtbestand der Orang-Utans (wissenschaftlich: Pongo pygmaeus) auf über eine Million Exemplare. Er war tief beeindruckt von diesem zweitgrößten Menschenaffen der Welt, dessen Verbreitungsgebiet sich ehemals von China über Thailand, Vietnam, Malaysia und fast den gesamten indonesischen Raum erstreckte, und studierte seine differenzierten Verhaltensweisen wie kein anderer in dieser Zeit.

Heute sind die "Waldmenschen" - aus dem Indonesischen: Orang = Mensch, Hutan = Wald - nur noch in den Regenwäldern der Insel Borneo und im äußersten Norden von Sumatra mit wenigen tausend Exemplaren vertreten.
Es existieren somit zwei geographisch voneinander getrennte Unterarten: Der Sumatra-Orang-Utan besitzt ein sehr langes, feines Fell und ist rostrot bis hell-zimtrot gefärbt. Demgegenüber reicht die Fellfarbe des Borneo-Orang-Utans von rotbraun bis schokoladenbraun. Seine Fellhaare sind dicker und kürzer. Außerdem wiegen die ausgewachsenen Orang-Männchen auf Borneo im Durchschnitt fast doppelt soviel wie die Weibchen. Auf Sumatra sind in der Regel die erwachsenen Männchen gleich schwer wie die Weibchen, auf jeden Fall aber erheblich leichter und kleiner als auf Borneo.

Der dramatische Bestandsrückgang dieser eindrucksvollen Primaten kommt keineswegs überraschend. Nirgendwo auf der Welt wurde einer Leitart der Lebensraum so rapide genommen wie im Falle des Orang-Utans in Südostasien. Allein in den letzten zwanzig Jahren wurde der tropische Regenwald durch Kahlschläge halbiert. Noch heute fallen weltweit den Motorsägen pro Minute etwa 20 Hektar primärer Regenwald zum Opfer.

Auf Sumatra und Borneo sind staatliche und private Naturschutzstellen nach Kräften bemüht, diesem primären Vegeta-

Der Regenwald stirbt langsam, aber sicher. Immer noch ist die Nachfrage nach Tropenholz ungesättigt, und die Waldrodung geht unaufhaltsam voran.

Die Holzstämme werden auf den großen Flüssen von Borneo und Sumatra stromabwärts in die Küstenstädte geschleppt. Dort warten schon die gierigen Abnehmer. Nicht nur Japan, auch Deutschland und andere Industrienationen mischen in diesem Geschäft kräftig mit.

rier unter den Primaten Reservate zu schaffen, in denen nicht nur der für uns alle so bedeutsame Regenwald erhalten bleibt, sondern auch Lebensraum für die letzten Orang-Utans in ausreichendem Maße zur Verfügung stehen wird.

Das Wappentier Südostasiens muß erhalten bleiben. Dieses ehrgeizige Ziel ist möglich, nur kostet es Geld; denn sowohl Indonesien als auch Malaysia sind auf die finanziellen Erträge der Holzexporte in die westliche Welt und nach Fernost angewiesen. Den Regenwald in diesen Staaten zu erhalten und damit nicht nur global zu denken, sondern auch global zu handeln, bedeutet nichts anderes, als diese Staaten zu belohnen, wenn sie ihre natürlichen Ressourcen bewahren. Der Schutz der Natur kostet seinen Preis, und den haben wir als primäre Verbraucher des Tropenholzes zu zahlen. Gerade die Nationen im vereinten Europa, in denen die ehemals verfügbaren Naturlandschaften heute längst kultiviert sind, machen es sich häufig sehr einfach, indem sie Staaten auffordern, ihre natürlichen Lebensräume zu erhalten. Es ist die Naivität oder die Arroganz der reichen Industrienationen zu meinen, der Regenwald Südostasiens könne durch einfache Verträge oder Abkommen geschützt werden. Nein, der Erhalt der Naturlandschaften in diesen Regionen mit seiner enormen Artenvielfalt wird ungeheure finanzielle Mittel erfordern, und diese können weder aus Indonesien noch aus Malaysia kommen, wo die meisten Menschen Mühe haben, ihre tägliche Ernährung zu sichern.

Der Schutz der "Waldmenschen" auf Borneo und Sumatra ist dringend. Der Kahlschlag des Regenwaldes geht unvermindert weiter; selbst in Nationalparks ist das Geheule der Motorsägen ein alltägliches und unangenehmes Geräusch. Es ist also nur eine Frage der Zeit, bis dieser Baumbewohner Südostasiens nur noch auf den Kletterstangen und in den Glasvitrinen der unzähligen Zoos der Welt zu bewundern sein wird. Dieser Bildband gibt einen Einblick in das geheimnisvolle Leben des "Waldmenschen" und dokumentiert die schwierigen Versuche von Rehabilitationsstationen auf Borneo und Sumatra, ehemals illegal gehaltene und dann von staatlichen Stellen beschlagnahmte Orang-Utans wieder in die freie Wildbahn zu integrieren. Ein schweres Unterfangen; denn insbesondere die Babys, die ihren Müttern von Tierfängern einfach entrissen wurden, um dann als lebende Spielzeuge in menschlicher Obhut zu fungieren, müssen in mühevoller Kleinstarbeit auf das "neue Leben" vorbereitet werden. Leider nicht immer erfolgreich; denn kein menschliches Wesen kann die Fürsorge und Liebe einer Orang-Utan-Mutter wirklich ersetzen.

Es lebe der Orang-Utan, eine Perle auf Sumatra und Borneo! Weit weg von uns, doch genetisch so nahe und in seiner Mimik, Gestik und in seinem Verhalten uns Menschen so ähnlich, erscheint uns dieser Menschenaffe häufig überlegen, dem Homo sapiens manchmal weit voraus.

*Auch bei Orang-Utans bedeutet
ein Kuß höchste Zuneigung.*

*Nur zur Paarung finden sich
Männchen und Weibchen für
einige Tage oder Wochen
zusammen. Dann gehen sie
wieder ihre eigenen Wege.*

Hände und Füße sind gleichwertig gute Greif-werkzeuge.

Zum Hangeln ideal:
Die Arme sind
länger als die Beine.

Schätzungsweise 60 Millionen
Jahre alt ist der tropische
Regenwald auf Borneo. In
diesem Urwald wachsen auf
einer Fläche von wenigen Hektar
häufig mehr verschiedene
Baumarten als im gesamten
heutigen Europa.

Intakter Regenwald hat eine besondere Faszination. Der Urwald auf Borneo gehört zu den vielfältigsten und artenreichsten Lebensräumen dieser Erde.

Eine mächtige Würgfeige stellt sich uns in den Weg. Sie hat keinen soliden Stamm, sondern steht vielmehr auf einem Netzwerk von knorrigen Stelzen.

Pilze im Regenwald sind für viele Pflanzen lebenswichtig.

Fleischfressende Orchidee: Die Kannenpflanze

Als wir im Frühjahr 1993 zum erstenmal den tropischen Regenwald auf Borneo betraten, war die Enttäuschung sehr groß. Wir erwarteten einen undurchdringlichen Wald mit einem ohrenbetäubenden Lärm der im Laub verborgenen unzähligen Tiere. Und was sahen und hörten wir? Kaum etwas! Der Wald ist keineswegs undurchdringlich, und die Pflanzenmasse schluckt die meisten Geräusche. Der Unterwuchs zeigte sich ausgesprochen licht und war für uns einfach zu passieren, sieht man einmal von der langdornigen Rotangpalme und den hakenbewehrten, langaustreibenden Trieben der Kletterpflanzen ab, welche die Urwaldbäume als Leiter benutzen, um nach oben an das Licht zu gelangen. Die Stämme der mächtigen Bäume, die erst in etwa dreißig Meter

Höhe ihre untersten Äste haben, und die Dunkelheit am Waldboden gaben uns das Gefühl, uns im Inneren einer riesigen Gruft zu befinden. Die wenigen Lichtstrahlen, die durch das Blätterdach drangen, zeichneten ein gleißend helles Muster auf den aufgeweichten Boden. Die bestimmt fünfunddreißig Grad warme Tropenluft war so feucht, daß jede unserer Bewegungen zu einer wahren Tortur wurde und wir in kürzester Zeit schweißgebadet waren. Die Luft stand in diesem Lebensraum. Es roch nach Fäulnis und Pilzen, und kein größeres Tier war zu sehen oder zu hören, geschweige denn ein Orang-Utan.

Hier, am Grunde des Regenwaldes, wo es wegen des Lichtmangels nur eine sehr spärliche Vegetation gibt, können sich nur wenige größere Pflanzenfresser ernähren. Dementsprechend gering ist auch das Vorkommen von

der Plagegeister half nur wenig, denn sobald wir stehen blieben, erklommen weitere hungrige Egel in spannerraupenartigen Bewegungen unsere Stiefel.

Sie können sich extrem dünn und lang machen, so daß sie sich durch jedes noch so kleine Ösenloch der Schuhbänder und durch die engsten Maschen der Socken zwängen können. Sie lauern besonders auf Pfaden, wo hin und wieder ein Warmblüter vorbeikommt. Angelockt von seinen Ausdünstungen, finden sie auch über große Distanzen sicher ihr Opfer.

Dieser Wald auf Borneo wirkte verlassen und einsam. Obwohl wir uns inmitten des vielfältigsten und artenreichsten Lebensraumes dieser Erde wußten, entdeckten wir anfangs kaum einen Vogel oder irgendeine andere Kreatur. Jedesmal, wenn wir bei der geringsten

Fleischfressern. Die häufige menschliche Vorstellung vom tropischen Regenwald als einem Ort, an dem wilde Raubtiere dem Wanderer auflauern, um ihn zu verspeisen, ist deshalb höchstens ein Alptraum mancher Abenteurer. Die hier von den wilden Tieren drohenden Gefahren sind viel geringer als die Wahrscheinlichkeit, sich in diesem Lebensraum rettungslos zu verirren.

Unsere erste Begegnung mit einem Lebewesen dieses Waldes spürten wir kaum - ein kurzer Schmerz und ein kleines Jucken, das zum Kratzen an den Fußknöcheln anregte. Als wir der Sache auf den Grund gingen und unsere Socken abstreiften, war das Entsetzen groß. Die Füße waren blutüberströmt, mehrere dicke Blutegel hatten sich festgesaugt und schienen unersättlich zu sein. Das Abzupfen

Langsat-Frucht oder Duku.

Die „Haarfrucht" oder Rambutan schmeckt ähnlich wie Litschi.

Bewegung über uns die Ferngläser hochrissen, sahen wir höchstens noch ein paar Schmuckfedern eines weghuschenden Vogels oder die Farbenpracht eines Schmetterlings. Fast nie zeigte sich ein Tier lange genug, um es eindeutig bestimmen zu können. Der größte Teil des Lebens in diesem Wald vollzog sich unzugänglich für unsere Augen, hoch über uns im Kronendach. Größere bodenbewohnende Tiere wie Malaienbären, Antilopen, Tapire, Elefanten oder Nepelparder sind scheu und extrem selten. So ist der Wissenschaft durch Fußspuren und durch Aussagen von Eingeborenen zwar bekannt, daß in den Tiefen des Regenwaldes von Borneo Nashörner leben, doch kaum ein Forscher hat sie jemals zu Gesicht bekommen. Schätzungsweise 60 Millionen Jahre alt ist der tropische Regenwald auf Borneo. In diesem Urwald wachsen auf einer

Fläche von wenigen Hektar mehr verschiedene Baumarten als im gesamten Europa. Gefördert durch die ganzjährigen, besonders günstigen Wachstumsbedingungen, entstanden im Laufe der Evolution im Regenwald immer neue Pflanzenarten. Der tropische Regenwald ist der älteste und war immer der stabilste Lebensraum auf den verschiedenen Kontinenten. Seine geographische Ausdehnung war ständigen Schwankungen unterworfen. Pflanzen und Tiere haben sich während ihrer langen stammesgeschichtlichen Entwicklung verändert, aber die Hauptmerkmale dieser hochentwickelten Lebensgemeinschaft sind nahezu konstant geblieben. Sie zeigten im Laufe der Zeit einen zunehmenden Grad von Ordnung und Organisation bis hin zur Perfektion. In dieser Umgebung scheint sich kein Ziel genau abzuzeichnen. Nie weiß man, wohin man geht, hat nie einen

Die geschnäbelte Heliconie, eine Wildbanane.

Ausblick, einen Überblick oder einen Orientierungspunkt. Auch der Übergang vom Tag zur Nacht verläuft plötzlich und undramatisch. Es ist so, als wenn ein ohnehin schon schwaches Licht einfach wegglimmt. Die Nacht im Urwald Borneos gehört den winzigen Lichtern. Zuerst sehen wir einzelne auf uns zukommen, bald sind wir von ihnen umringt. Es sind Leuchtkäfer, die auf diese Weise Art- und Geschlechtssignale ausstrahlen. Auf niedrigen Pflanzen und auf der Bodenstreu funkeln Raupen und lange, wurmförmige Gliedertiere. Diese Lebewesen signalisieren ihren zahlreichen Feinden Ungenießbarkeit oder drohende Abwehrgifte. Je mehr unsere Augen sich an die Dunkelheit gewöhnt haben, um so mehr nehmen wir von der geheimnisvollen Lichterwelt des Urwaldes wahr. Phosphoreszierende Nebelschwaden ziehen langsam über den Grund des Waldes. Es ist das Licht von Bakterien und Pilzfäden, die die abgestorbene organische Substanz auf dem Waldboden zersetzen und dabei als Nebenprodukt ihres Stoffwechsels Lichtenergie erzeugen. Ganze Stämme umgestürzter, faulender Baumriesen leuchten in dem grünlichen Schein wie gewaltige, matt glimmende Neonröhren.

Der Regenwald Borneos zeigte sich uns in einer faszinierenden Art und Weise, doch nicht gleich am ersten Tag. Wir brauchten viel Zeit, um uns an diesen Lebensraum zu gewöhnen, und noch mehr Zeit, um die heimatlichen Vorstellungen und Phantasien, die wir vom tropischen Regenwald hatten, abzulegen und zu lernen, diesen Urwald so zu nehmen, wie er wirklich ist. Ganz allmählich verstanden wir es, unsere Sinne so zu gebrauchen, wie es diesem Wald angemessen war.

Dieser zu den Tausendfüßlern zählende Saftkugler kann sich mit seinem Panzer hermetisch verschließen.

Ruhig dahinziehend kreuzen
Dutzende von Tausendfüßlern
unsere Wege.

Der Gespenstlaufkäfer
ist nachtaktiv und macht
seinem Namen alle Ehre.

Der Einfallsreichtum
der Natur an Formen
und Farben ist über-
wältigend: Eine
leuchtend rote Stink-
wanze der Gattung
Pycanum.

rechte Seite:
Vorsicht ist geboten, wenn man
sich durchs Unterholz kämpft:
Giftschlangen wie diese übersieht
man leicht. Aber zum Glück
sind die meisten nicht aggressiv.

Das Klettern und Turnen an Lianen
ist der Rotpelze liebstes Spiel.

28

Lässig sieht es aus.
Doch Vorsicht!
Todesstürze aus
Baumkronen sind
keine Seltenheit,
und etwa jeder
fünfte Orang-Utan
besitzt Spuren von
verheilten
Knochenbrüchen.

Es waren einmal zwei vogelähnliche Kreaturen, die die Schöpfer allen Lebens waren. Sie schufen alle möglichen Tier- und Pflanzenarten. Eines Tages kamen sie auf die Idee, die Menschenfrau und den Menschenmann ins Leben zu rufen. Furchtbar stolz auf ihr famoses Werk, veranstalteten sie am Abend ein großes Fest. Tags darauf machten sie sich wieder an die Arbeit, um ein paar weitere Menschen zu schaffen. Aber nach den Ausschweifungen der vorangegangenen Nacht vergaßen sie dabei eine wichtige Zutat, so daß sie schließlich nur Orang-Utans zuwege

Schon immer haben Orang-Utans die Menschen beschäftigt, und sie tun es bis heute: Ein imponierender Orang-Mann ziert einen Geldschein der Bank von Indonesien.

brachten." Heute eine Legende zum Schmunzeln. Noch vor 100 Jahren aber für die meisten in den Dschungel-Randzonen lebenden Menschen auf Borneo und Sumatra eine wahre Entstehungsgeschichte für dieses rote Riesenwesen, das sie schlicht "Mias" nannten.

Einer anderen Legende nach stammt der Mias von einem Mann ab, der aus Scham über eine von ihm begangene Untat aus seinem Dorf in den Dschungel flüchtete, von wo er bis an sein Lebensende nicht zurückkehrte, sich jedoch mit einem unbekannten Wesen paarte und seine unzähligen roten Nachkommen in die Nähe des Dorfes sandte.

In den Überlieferungen der Dajaks - eines noch heute existierenden Ureinwohnerstammes -, zitiert nach Alfred

Russel Wallaces Buch "The Malay Archipelago", heißt es: "Kein anderes Geschöpf ist so stark, daß es dem Mias etwas anhaben könnte. Das einzige Lebewesen, mit dem es sich je auf einen Kampf einläßt, ist das Krokodil. Findet der Mias im Wald keine Nahrung, so begibt er sich ans Flußufer, wo es zahlreiche, ihm sehr wohl mundende Schößlinge gibt und etliche am Wasser wachsende Früchte. Dann kommt es vor, daß das Krokodil nach ihm schnappt, aber der Mias springt das Krokodil an, schlägt mit Händen und Füßen auf es ein und zerreißt und tötet es . . . Immer ist es die bloße Körperkraft, mit der er das Krokodil tötet. Auf dem Tier stehend, reißt er ihm die Kieferladen auseinander und zerfleischt ihm den Rachen . . . Der Mias ist sehr stark. Kein anderes Lebewesen im ganzen Urwald kann es an Körperkraft mit ihm aufnehmen."

Für viele Eingeborenenstämme war der Orang-Utan kein Tier, sondern ein menschenähnliches Wesen, das zurückgezogen und einsam im tiefen Wald auf den Bäumen lebt. Ein Waldmensch also, und nichts anderes bedeutet die Übersetzung für "Orang-Utan". Natürlich konnte er auch sprechen, tat es aber bewußt nicht, um nicht arbeiten zu müssen.

Wie seine afrikanischen Artgenossen, so wird auch der "Waldmensch" oft sexueller Übergriffe in menschliche Siedlungen bezichtigt. Eine weitverbreitete Legende handelt von einem Orang-Utan, der ein junges Eingeborenenmädchen gekidnappt und in sein luftiges Baumnest entführt haben soll, wo er es gefangenhielt und mit Früchten nährte. "Das Mädchen gebar nach einiger Zeit ein Kind, das halb Mensch, halb Affe war. Als aber der Orang eines schönen Tages nicht aufpaßte, nutzte das Mädchen die Gelegenheit, um über ein aus Kokosfasern geflochtenes Seil die Flucht zu ergreifen. Das Baby fest an sich gedrückt, rannte es durch den tiefen Wald. Doch von Baum zu Baum sich schwingend, setzte der Orang ihm nach. Das Mädchen stürmte auf einen

Fluß zu und sah ein kleines Holzboot, das gerade vom Ufer absetzen wollte. Eben als der Orang nach ihm greifen wollte, rief der Bootsmann der Fliehenden zu, sie solle das Kind fortwerfen. Sie tat wie geheißen, und der Affe hielt inne, um das Baby aufzuheben. Da war das Mädchen auch schon im Boot und gerettet. In seinem tiefen Zorn zeriß der Orang das Baby in zwei Teile; die Menschenhälfte schleuderte er hinter dem Boot her, während er die Affenhälfte in den Wald zurückwarf. Den lauten Rufen des Orang-Utans sagt man nach, sie seien das Wehgeschrei, mit dem er seiner verlorenen Braut noch immer nachtrauere."

Andere Legenden berichten von jungen Männern, die von Orang-Damen entführt wurden. Solche Fabeln beschränken sich durchaus nicht auf die Stammbevölkerung Borneos und Sumatras. Mit Schauergeschichten wie Edgar Allan Poes "Der Mord in der Rue Morgue" oder etwa O. C. Vanes Erzählung "To the Rescue", in der junge Frauen von Orang-Utans entführt und im Handumdrehen wieder von menschlichen Gestalten gerettet werden, haben auch die Europäer zum Mythos des roten Affen ihren eigenständigen und nachhaltigen Beitrag geliefert.

Die menschenähnliche Gestalt des Tieres, wie auch die zahlreichen, seine Existenz umkreisenden Legenden, haben die weiße Bevölkerung des Westens jahrhundertelang immer wieder fasziniert. Dennoch blieb der Orang-Utan geheimnisumwittert, und die Bemühungen, sein Leben in der Wildnis zu enträtseln, haben lange Zeit wenig oder gar keine neuen Erkenntnisse gebracht. Erst Ende der sechziger Jahre dieses Jahrhunderts gelang es dem Engländer John MacKinnon während seines dreijährigen Aufenthaltes auf Borneo und Sumatra, dem Mias auf die Spur zu kommen und bahnbrechende Erkenntnisse über Lebensweise und Verhalten der Orang-Utans in freier Wildbahn zu gewinnen.

Ein etwa 10-jähriger Orang-Utan-Mann auf Sumatra.

Um den roten Affen mit der menschenähnlichen Gestalt ranken sich viele Legenden; so soll er sogar sprechen können, tut es aber nicht, um nicht für die Menschen arbeiten zu müssen.

34

*Gestik und Mimik sind für jedes
Individuum ganz typisch und
unverwechselbar. Dieser Kerl
verfügt allemal über ein ganz
beachtliches Repertoire und
könnte in jedem Zirkus sofort die
Clownnummer übernehmen.*

… nachdenklich …

*Auch Plagegeister gibt es im
Regenwald mehr als genug. Und
wen es juckt, der kratzt sich.*

Der "Waldmensch" wurde vor rund dreihundertzwanzig Jahren offiziell entdeckt. Natürlich waren ihm Ureinwohner Borneos, Javas und Sumatras schon vorher einmal begegnet. In der Wissenschaft zählt aber nur das, was beschrieben ist.

Doch wagen wir erst einmal einen Sprung in die Vergangenheit, um diesem eindrucksvollen Menschenaffen ein wenig näher zu kommen. Orang-Utan (= Mensch des Waldes) war bis zum 17. Jahrhundert ein Sammelbegriff der Malaien für kleinwüchsige Eingeborenenstämme wie z.B. die Kubas auf Sumatra, die Punans auf Borneo oder eben die haarigen, rotbraunen Geschöpfe, die damals von den Eingeborenen Mias oder Mawas genannt wurden. Die erste Begegnung mit den Wissenschaftlern war für beide Parteien höchst unerfreulich. Die Affen mußten zumeist ihr Leben lassen, um fachgerecht skelettiert zu werden, und die Forscher zerbrachen sich die Köpfe nach einem geeigneten Namen für diese Wundertiere. Mit der weiteren systematischen Einordnung der Menschenaffen taten sich auch die Zoologen sehr schwer.

Der Franzose Carl von Linné schaffte 1758 eine erste brauchbare Übersicht. Er schloß die Gattungen Homo (Mensch), Simia (Affen), Lemur (Halbaffen) und irrtümlich Vespertilo (Fledermäuse) in die Ordnung Primaten = Herrentiere zusammen, wobei auch die Menschenaffen Schimpanse, Gorilla und Orang-Utan von ihm als Homo klassifiziert wurden.

Diese sytematische Einteilung erregte die Öffentlichkeit und war für die Kirche der damaligen Zeit sogar reine Gotteslästerung. Da kam so ein hergelaufener Biologe und wagte es, Menschen und Affen auf eine gemeinsame Stufe zu stellen. Charles Darwin setzte 1871 in seinem Werk "The Descent of Man" (Die Abstammung des Menschen) noch einen drauf, indem er belegte, daß der Mensch definitiv vom Affen abstammt. Er brachte damit nicht nur das kirchliche Weltbild ins Wanken, sondern erlaubte sich zusätzlich die Frage: Ist der Mensch nun ein Engel oder ein Affe?

Was mag dieser Orang-Utan-Mann aus seiner Hand lesen?

Ein den übrigen Fingern gegenüberstehender Daumen, der ein Greifen ermöglicht, und flache Fingernägel sind gemeinsame Merkmale der Herrentiere (Primaten).

rechte Seite:
Im Gegensatz zu uns Menschen können Orang-Utans auch mit den Füßen greifen.

Heute wissen wir: Gemeinsam mit den Gorillas, Schimpansen und Orang-Utans bilden wir zoologisch gesehen die gemeinsame Überfamilie der Hominiden, zu der genau betrachtet auch die Gibbons und die auf Sumatra und in Malaysia lebenden Siamangs gehören. Der Mensch stammt zwar keineswegs von einem der heute lebenden Affen ab, vielmehr ist es inzwischen wissenschaftlich erwiesen, daß Mensch und Affe gemeinsame Vorfahren haben.

Orang-Utans unterscheiden sich in ihrer Lebensstrategie deutlich von

Schimpansen, Gorillas oder uns Menschen. Als Einzelgänger benötigen sie andere soziale Taktiken als die gruppenleben-den Verwandten. Als größte baumlebende Säugerart ist ihr Körperbau so perfekt an diese Lebensweise angepaßt, daß sie Mühe haben, am Boden zu laufen oder aufrecht zu sitzen, geschweige sich auf den Hinterbeinen aufzurichten. Ihre spezialisierten Greiffüße bleiben dabei eingerollt, so daß sie auf den Fußaußenkanten stehen, während Gorillas und Schimpansen die Sohlen aufsetzen.

Mit den überlangen Armen, starken Greifhänden und -füßen und den extrem beweglichen Hüft- und Fuß-gelenken sind sie so gut an das Baum-leben angepaßt, daß wohl auch ihre näheren Vorfahren alles Baumtiere gewesen sein dürften; insofern sind die Orang-Utans die konservativsten Menschenaffen. Fast alle höheren Primaten führen in irgendeiner Form ein geregeltes Gruppenleben und pflegen individuell sehr unter-

schiedliche positive oder negative Kontakte zu ihren Art-genossen. Sie sind im Normalfall so ausgeprägt sozial, daß sie allein seelisch verkümmern. Beim "Waldmenschen" ist dieses nicht so.

Zumindest die erwachsenen Männchen scheinen ein Nomadenleben zu führen. Allerdings ist bis heute nicht eindeutig bewiesen, ob Orang-Utans wirklich ohne jede übergeordnete Gemeinschaft leben oder nicht vielmehr in einer solchen, deren erwachsene Mitglieder nur besonders weit verstreut sind, sich dennoch aber genauestens kennen. Sicher ist bislang nur, daß ihre sozialen Neigungen vom Alter und Geschlecht abhängen und die erwachsenen Tiere einander nach Möglichkeit meiden.

Sie sind eben lästige Konkurrenten. Gerade dieses scheinbar unsoziale Verhalten macht diesen Affen so interessant, erschwert es aber auch, ihn in den Regenwaldgebieten von Sumatra und Borneo zu finden und zu erforschen.

Der Sumatra-Orang-Utan
besitzt ein sehr langes, feines Fell
und ist rostrot bis hell zimtrot
gefärbt. Demgegenüber variiert
die Fellfarbe des Borneo-Orang-
Utans von rotbraun bis
schwarzbraun. Seine Fellhaare
sind dicker und kürzer.

*Turner am Hochbarren im
Bambusstrauch. Die überlangen
Greifhände geben dem jungen
Kerl sicheren Halt.*

Auf Stelzen ist der
Kleine schon
ganz groß.

42

Diese Orangs hängen
wie Kletten aneinander.
Was sie verbindet,
bleibt uns rätselhaft.
Vielleicht Verwandtschaft,
Freundschaft oder
einfach nur Sympathie?

Hat der Waldmensch im
Regenwald größere Lücken zu
überwinden, so wendet er einen
einfachen Trick an. Er klettert in
die Baumkrone und schwingt hin
und her, bis er einen Zweig des
Nachbarbaumes zu fassen
bekommt.

Es ist schon eine Freude, Orangs
in ihrem Element zu beobachten.
Mit souveräner Leichtigkeit
bewegen sie sich im Geäst, und
manchmal könnte man meinen:
Der ganze Wald ist für diese
Affen ein großer Spielplatz.

Die RegenwälderSumatras
und Borneos werden von
großen Flußläufen durchzogen.
In vielen Bereichen bleibt das
Boot das einzige
Fortbewegungsmittel.

48

Den achten Tag liefen wir nun durch den tropischen Regenwald im Norden der Insel Sumatra. Liefen, das ist übertrieben. Wir litten! 35 Grad im Schatten, schätzungsweise 80% Luftfeuchtigkeit, stechende Moskitos, saugende Blutegel und unendlich viel Schweiß, der uns in Strömen vom Körper rann. Wir schlichen eher!

Wir zogen aus, um wilde Orang-Utans zu sehen, die es nach Aussage von Einheimischen in dem knapp 1000 qkm großen "Leuser Nationalpark" angeblich noch reichlich geben sollte. Ich selber glaubte schon seit drei Tagen nicht mehr, daß ich jemals einen wilden, rotbraunen Menschenaffen sehen würde, und sehnte mich schon lange nach einem kalten Getränk und einem weichen Bett. Meinen Freund, den bekannten Tierfotografen Konrad Wothe - dschungelerprobt -, schien diese Tortur körperlich nicht im geringsten zu belasten. Unermüdlich schritt er die schmalen, beschwerlichen Gebirgspfade entlang und schien seinen 15 kg schweren Fotorucksack mit einer Leichtigkeit zu transportieren, die mir Mühe machte, Schritt zu halten. Doch irgendwie spürte ich, daß auch er nicht mehr so recht an das Affenwunder glauben konnte.

Daß an diesem Tage das Wunder doch noch eintrat und die Strapazen schlagartig vergessen machte, muß ich rückwirkend als einen glücklichen Zufall bewerten. Denn nicht wir sahen den mächtigen Orang-Utan-Mann hoch über uns im Geäst eines wilden Mangobaumes stehen, sondern der rote Kerl sah uns, und wäre nicht ein armdicker Knüppel etwa einen Meter neben uns aufgeschlagen, wären wir mit absoluter Sicherheit ahnungslos weitergestolpert. Von der Hitze halb benebelt, schauten wir in Richtung Baumkrone und sahen endlich diesen Riesen, der nun laut brüllend über uns thronte. Mit seinen mächtigen Backenwülsten, dem faltigen Kehlsack, seinen langen rotbraunen Zotteln und seinen kleinen, stechenden braunen Augen wirkte er im

ersten Moment eher wie ein großes Plüschtier. Doch das änderte sich schlagartig, als er seinen bulligen und vielleicht zwei Zentner schweren Körper in Bewegung setzte und sich in einer "affenartigen" Geschwindigkeit, von Ast zu Ast hangelnd, aus dem Staub machte. Dabei krachten nicht nur Äste, sondern ganze Bäume zitterten, und der von ihm verursachte Lärm erinnerte eher an eine Wildschweinhorde, die durch das Unterholz bricht.

Dieses war unsere erste Begegnung mit einem wilden Orang-Utan-Mann, später folgten weitere im "Leuser Nationalpark" und in verschiedenen Nationalparks auf Borneo. Aus diesen unvergessenen Erlebnissen haben wir schnell gelernt, daß der armdicke Knüppel, der unmittelbar neben uns einschlug, keineswegs ein Zufall war. Die meist sehr behäbig wirkenden, schwersten baumbewohnenden Säugetiere sind für ihre Zielgenauigkeit bekannt. In der Nähe der Auswilderungsstation "Sepilok" im äußersten Norden der Insel Borneo wurden wir eines Tages plötzlich von einem wilden Orang-Utan-Mann mit mittelschweren Knüppeln von oben herab förmlich bombardiert. Wir machten, daß wir schleunigst das Feld räumten.

Der Orang-Utan-Mann ist der Einzelgänger unter den Primaten. Nur selten schließt er sich zu sozialen Kleingruppen mit Jungtieren oder Weibchen zusammen, um z. B. Freß- oder Paarungsgemeinschaften zu bilden. Zwischen den ausgewachsenen Männchen gibt es starke Rivalitäten. Vermutlich erweist sich schon das Rufverhalten der einzelnen Männchen als eine territoriale Sperre gegenüber anderen männlichen Artgenossen. Der weithallende Ruf des Männchens ist ein eigenartiger, unverwechselbarer Laut. Bestehend aus einer langen Folge lauter Brülltöne, die sich zunächst bis zur höchsten Lautstärke steigern, dann allmählich auf wiederholte gurgelnde, stöhnende Laute zurückgehen, erinnert er an ein Gruselkabinett. Die ganze Lautfolge

Orang-Utan-
Männer sind
Einzelgänger,
sie dulden keinen
zweiten neben sich.

kann mehrere Minuten dauern. Viele Dschungeltiere unter-
brechen ihre Tagesbeschäftigung, um dem Naturschauspiel
zu lauschen. Manchmal verstärken die Männchen die
Wirkung ihres Rufes noch, indem sie als Einleitung einen
toten Baum oder riesigen Ast umwerfen oder einfach durch-
schütteln. Der erzeugte Lärm versetzt alle in Hörweite
befindlichen Nebenbuhler in Alarmbereitschaft.
Kommt es dennoch einmal zu einer Begegnung, so reichen
meist auftrumpfende Drohgebärden, wie das schon erwähnte
Ästeschütteln, daß der Gegenspieler abdreht und sich von
dannen macht. Vermutlich erfüllen der mächtige Körperbau,
das zottige Fell, die riesigen Gesichter mit den ausladenden
Backenwülsten der alten Orang-Männchen keinen anderen
Zweck als den, ihre Gegner einzuschüchtern. Indes scheint
die Natur hier über das Ziel hinausgeschossen zu sein; denn
auch auf Orang-Weibchen wirken diese Burschen häufig so
bedrohlich, daß sie sich in der Regel lieber jüngeren
Männchen zuwenden. Wirkliche Kämpfe zwischen zwei
Männchen sind selten und können leicht tödlich enden;
denn sie bedeuten immer den Verlust eines angestammten
Revieres für einen der Beteiligten. Das Nahrungsangebot in
Form von reifen und schmackhaften Früchten im tropischen
Regenwald ist insbesondere in der Trockenzeit von März bis
Oktober sehr gering und fördert zwangsläufig das Einzel-
gängertum dieses Menschenaffen, der sein Revier und die
Fruchtbäume genauestens kennt und über einen hervor-
ragenden Orientierungssinn verfügt. Jedes erworbene
Territorium muß daher bis aufs Messer gegenüber
Konkurrenten verteidigt werden.

Eine weitere Erklärung für die Isoliertheit der einzelnen
männlichen Individuen, auch gegenüber den weiblichen
Tieren, wird in ihrem hohen Körpergewicht vermutet; denn
würden die Orang-Utans dauerhaft in Gruppen herumziehen,
könnten die Äste der Bäume der Gewichtsbelastung nicht
standhalten. Die Folge wären häufige Abstürze der Affen.

Ein ausgewachsener kapitaler Orang-Mann bricht durchs Unterholz.

Betrachten wir den „Kraftprotz"
aus nächster Nähe, so sieht er
schon zum Fürchten aus. Das
dunkle Gesicht, die mächtigen
Backenwülste sowie die
stechenden Augen wollen so gar
kein Vertrauen zu ihm
aufkommen lassen.

Die Drohgebärden der Orang-
Utan-Männer sind nicht zu
verachten. Sie reichen von einer
langen Folge lauter Brülltöne
über das Schütteln von Zweigen
bis hin zu einer Bombardierung
von Störenfrieden mit armdicken
Ästen.

Betagte Orang-Männer auf Borneo, die mit maximal 150 kg fast doppelt soviel wiegen können wie ihre Geschlechtspartnerinnen, sind dazu verdammt, die meiste Zeit auf dem Waldboden zu verbringen, da ihnen die äußeren Äste wegen ihres hohen Körpergewichtes keine sichere Fortbewegung von Baum zu Baum mehr garantieren.

Etwa jeder fünfte Orang-Utan besitzt Narben von verheilten Knochenbrüchen, verursacht durch unfreiwillige Abstürze aus den Baumkronen. Auch Todesstürze sind keine Seltenheit, und ausgewachsene Orang-Utan-Männer auf Borneo, die mit maximal 150 Kilogramm fast doppelt soviel wiegen können wie ihre Geschlechtspartnerinnen, sind dazu verdammt, die meiste Zeit auf dem Waldboden zu verbringen, da ihnen kaum ein Ast eine sichere Fort-bewegung garantiert.

Der Orang-Utan gilt im Volksmund seit jeher als ein ungewöhnlich triebhaftes Tier. Immer wieder hört man die erstaunlichsten Legenden von nächtelangen Orgien in schwülen Laubnestern, von entführten Eingeborenen-mädchen, von bedrängten Zoowärtern und von domestizierten Exemplaren, die ihren Herren als Lustobjekte dienen. In Gefangenschaft gehaltene Jungtiere legen in sexueller Hinsicht tatsächlich eine enorme Betriebsamkeit an den Tag. Sie sind oft mit Masturbieren beschäftigt oder geben sich erotischen Spielen hin. Das sind jedoch meist Psychosen aufgrund schlechter Tierhaltung. Was sollen sie sonst schon in einem für sie viel zu kleinen Zookäfig tun?

Wilde Orangs sind in ihrem Liebesleben entgegen ihrem Ruf sehr zurückhaltend. Sich hoch oben in den Baumkronen den Stürmen der Leidenschaft hinzugeben, ist sicher nicht ganz ungefährlich und könnte als wahre Akrobatik interpretiert werden und damit ein Grund für ihre geringe sexuelle Aktivität sein, die übrigens auch bei den Gibbons - vermutlich aus den gleichen Gründen - zu beobachten ist.

Menschlichen Vorstellungen von animalischer Wollust bei Primaten würden Schimpansen viel eher entsprechen. Wie viele andere, in erster Linie am Erdboden lebende Affen, entwickeln auch Schimpansenweibchen geschwollene Hinterteile, wenn sie heiß sind. Zusätzlich zeigen sie sich bei

Ein Orang-Mann
im besten Alter
– eine imponierende
Erscheinung.

der Partnerwahl nicht eben wählerisch, und der Verkehr zwischen den Geschlechtern ist so rege, daß die sexuelle Vereinigung kaum mehr bedeutet als ein freundliches Küßchen oder ein obligatorisches Händeschütteln.

Nicht so bei den Orang-Utans. Daß sich die Männchen und Weibchen der "Waldmenschen" in dem dichten Dschungel überhaupt begegnen, um sich freiwillig oder auch manchmal unfreiwillig - Vergewaltigung ist beim Orang-Utan mehrfach nachgewiesen - zu paaren, ist einfach zu erklären. Die Streifgebiete der Männchen sind um ein Vielfaches größer als die Territorien der Weibchen, und der "Waldmensch-Mann" verfügt damit über einen recht verstreuten Harem. Natürlich ist durch diese Distanz die Häufigkeit der Paarungsakte weit geringer als z.B. bei den in Gruppen lebenden Gorillas oder Schimpansen, doch sind die Orang-Utans im Primatenreich in der Liebeskunst einsame Spitzenreiter. Der Koitus dauert im Durchschnitt 15 Minuten, Schimpansen bringen es nur auf 8 Sekunden und die Gorillas geben sich mit etwa 2 Minuten zufrieden.

Untersuchungsergebnisse bei Homo sapiens ersparen wir uns an dieser Stelle. Betrachten wir den "Kraftprotz" aus nächster Nähe, so sieht er schon zum Fürchten aus. Das dunkle Gesicht, der lange Bart, das gewaltige Gebiß mit den spatelförmigen, mittleren Schneidezähnen und den verlängerten Eckzähnen sowie die stechenden Augen wollen so gar kein Vertrauen zu ihm aufkommen lassen, und auch eine intime Umarmung mit einem ausgewachsenen Exemplar würde uns schlecht bekommen. Dennoch ist die Realität eine ganz andere. Meist friedfertig und gemächlich hangelt oder stolziert der Baumriese durch sein Revier. Alles hat Zeit. Morgens gemütlich ausschlafen, dann ein Frühstück bestehend aus Feigen, Mangos oder vielleicht aus seiner Lieblingsspeise, den Durianfrüchten; mittags ein kleines Nickerchen; nachmittags bevorzugt Rinde kauen; abends wieder Früchte naschen und vielleicht noch kurz einem Rivalen drohen. Der Tag geht zu Ende mit der sorgfältigen Auswahl eines Schlafbaumes, der häufig in der unmittelbaren Nähe eines Fruchtbaumes gewählt wird, um am nächsten Morgen dort weiterzunaschen, wo er am Abend aufgehört hat.

Das gewaltige Gebiß
mit den stark verlängerten
Eckzähnen ist schon
furchteinflößend!

Nur Riesen haben solche
Pranken, erzählen uns die
Märchen. Im Laufe der
Evolution haben sich beim
Orang-Utan die Hände als
Anpassung an das Baumleben
verlängert.

Auch wenn es schwer fällt, erklimmt dieser Koloß am Abend einen Baum, um in luftiger Höhe sein Schlafnest zu bauen.

Kletterpflanzen an einer Brettwurzel.

*Flußläufe sind meist
unüberwindliche Barrieren für
Orang-Utans.*

*Brettwurzeln geben den hohen,
weitausladenden Urwaldbäumen
Standfestigkeit.*

Orang-Utans lieben die Durian- oder „Stinkfrucht". Es heißt, erst wer sie mag, versteht Asien.

Die berühmte Durianfrucht schmeckt besser als sie riecht. Manche sagen: „Sie riecht wie die Hölle und schmeckt wie der Himmel."

Scheinbar ohne jede Anstrengung „spaziert" dieser Junge den senkrechten Stamm hinauf.

Nächste Doppelseite: Idylle am Wildwasserfluß im Leuser Nationalpark auf Sumatra. Das Wasser war so erfrischend und klar, daß ein Bad alle Strapazen der vergangenen Tage vergessen ließ.

Zwei große braune Knopfaugen schauen uns neckisch an. Ein kleiner Arm bewegt sich langsam zu einem Ohr, der winzige Zeigefinger der rechten Hand verschwindet kurz in der Ohrmuschel. Die Hand wandert nun weiter in Richtung Stirn und wird zu einer kleinen Faust. Immer noch haben wir Blickkontakt. Das orangerote Geschöpf steht zwischen zwei riesigen Armen in etwa acht Meter Höhe auf einem dünnen Zweig, und seine linke Hand sucht festen Halt an einem großen Ohr, das nicht seines sein kann. Höchstens sechs Monte alt ist dieses Orang-Utan Baby, das uns gerade mit seinen Blicken verzaubert und jetzt seine zierlichen Zähne zeigt, indem sich sein süßes Gesicht in die Breite zieht. Ist es ein Lächeln? Wir sind unsicher. Als Biologen haben wir gelernt, daß tierische Gesten nicht einfach den menschlichen gleichzusetzen sind und häufig fehlinterpretiert werden. Doch wir sind jetzt sicher: Dieses kleine tierische Wesen lächelt uns zu, und als sich seine kleine Faust nun wieder zu einer winzigen

Hand öffnet, haben wir das Gefühl, diese Hand zeigt uns einen lieben Gruß. Wahrscheinlich zuviel des Guten gelacht, plötzlich verliert das Affenbaby das Gleichgewicht. Zwei kleine Arme fuchteln wild umher, die großen Knopfaugen verdrehen sich, der Mund öffnet sich weit, und ein leiser Klageton ist zu hören, der zu einem Angstschrei wird. Entsetzt und machtlos zu helfen, starren wir auf das Geschehen, denn das Baby droht nun abzustürzen. Doch da kommt sie schon, die schützende, große Greifhand der Mama. Ein zarter und sicherer Griff, und das geliebte Kind ist wieder dort, wo es hingehört, in der Obhut seiner Mutter. Es wird zärtlich und liebevoll von ihr gestreichelt, bis der Schreck vergessen scheint und ihr kleiner Liebling die Welt weiter neu entdecken muß, wozu wir nun nicht mehr gehö-

ren. Es ist ein dünnes Stöckchen, das seinen Weg nun in den noch viel zu kleinen Babymund finden soll. Die kleine Hand probiert, dreht und wendet, bis der Stock ihr entgleitet, und die großen braunen Kulleraugen des Affenbabys wollen einfach noch nicht verstehen, was da nun wieder geschehen ist. Nun ist es die Mutter, deren kurzer, scheuer Blick uns streift. Natürlich hatte sie uns schon längst ausgemacht, doch bisher einfach ignoriert und währenddessen unzählige reife Feigen in sich hineingestopft. Jetzt mußte sie satt sein. Mit ihrem fast schwarzen Gesicht und den hellen Augenlidern wirkt sie ähnlich einem geschminkten Clown. Zum Lachen ist uns jedoch nicht, als sie ihr Baby fest an ihre Brust drückt, langsam den Baum herunterklettert und dabei funkelnde Blicke in unsere Richtung wirft. Obwohl wir wissen, daß Orang-Utans gutmütige Wesen sind, machen wir uns sicherheitshalber schleunigst aus dem Staub. Es gibt im Tierreich wohl kaum ein engeres Verhältnis als das zwischen einer Orang-Utan Mutter und ihrem Kind. In seinen ersten drei Lebensjahren ist diese Beziehung so intensiv, daß gelegentlich auftretende Zwillingsgeburten eine physische und vermutlich auch eine psychische Überforderung der Mutter bedeuten. Ein Baby muß dann häufig weichen und ist damit zum Tode verurteilt. Verständlich wird dieses grausame Schicksal durch die Tatsache, daß ein Orang-Utan, der die Welt erblickt, wenig angeborenes Verhalten zeigt, sondern die meisten Anpassungen, die ein sicheres Überleben in den hohen Bäumen des Regenwaldes garantieren, in den ersten drei Lebensjahren von seiner Mutter zu lernen hat. Wie viele andere Affenarten und auch die Menschen haben Orang-Utans nur wenige Nachkommen mit großer Lebenserwartung statt vieler Kinder mit einer hohen Sterblichkeitsrate. Die Geschlechtsreife der Weibchen beginnt im Alter

*Während seines
ersten Lebensjahres
bleibt das Neu-
geborene immer
in nächster Nähe
seiner Mutter.
Ihr Körper mit
dem zottigen Fell
zum Festhalten
ist in dieser Zeit
sein ständiger
Spielplatz.*

*Es gibt im Tierreich wohl kaum
ein engeres Verhältnis als das
zwischen einer Orang-Mutter
und ihrem Kind.*

von etwa acht Jahren. Theoretisch könnten sie dann in den folgenden 20 Jahren ihres Lebens alle drei Jahre ein Kind gebären. In Wirklichkeit liegt aber bei den meisten wildlebenden Orangfrauen der Zeitabschnitt zwischen den Geburten bei sechs Jahren. Ein fruchtbares Weibchen wird somit in seinem gesamten Leben nicht mehr als drei oder vier Junge aufziehen.

Die Orangfrauen zeigen keine auffallenden äußerlichen Zeichen der Paarungsbereitschaft wie z.B. die angeschwollenen Geschlechtsteile der Schimpansinnen. Ist ein Weibchen paarungswillig, sucht es sich häufig selbständig einen geschlechtsreifen Orangmann, der sich durch seine weithallenden Rufe zu erkennen gibt. Ist ein Weibchen nicht paarungswillig, wird es jedem Männchen aus dem Wege gehen. Kommt es dennoch zu einem unerwarteten Aufeinandertreffen zweier unterschiedlicher Geschlechtspartner, ist eine unfreiwillige Begattung durch das Männchen nicht selten. Inwieweit es sich dabei um eine Vergewaltigung handelt, ist in der Wissenschaft umstritten. Tatsache ist jedoch, daß einzelne Freilandbiologen während solcher unfreiwilligen Paarungen eine heftige Gegenwehr der betroffenen Weibchen beobachtet haben. Darum sollte sich eigentlich eine weitere Diskussion zu diesem Thema erübrigen. Verläuft die Paarung für die Weibchen auf freiwilliger Basis, was vermutlich der Regelfall ist, bleiben die Partner mehrere Tage und manchmal auch Monate zusammen, insbesondere dann, wenn es sich bei dem Galan um ein junges und erst seit kurzem geschlechtsreifes Männchen handelt. Sobald das Weibchen trächtig wird, nehmen beide Partner ihr einsames Leben wieder auf, wobei das Weibchen häufig noch seinen letzten Nachkommen im Schlepptau hat; denn ähnlich wie bei uns Menschen fällt die Abnabelung von Mutter und Kind nicht immer ganz leicht.

Die Tragezeit eines Orangweibchens beträgt etwa 275 Tage, entspricht also fast genau derjenigen der Gattung Homo. Die Geburt des Babys erfolgt in einem Schlafnest in luftiger Höhe. Ausgerüstet mit einer angeborenen "Lebensversicherung" - dem Klammerreflex -, ist das eineinhalb Kilogramm schwere Neugeborene während des ersten Jahres fast ununterbrochen in direktem Körperkontakt mit seiner Mutter. Das lange Fell und die verschiedensten Körperpartien des Weibchens sind in dieser Zeit der ständige Spielplatz des Babys. Nur wenn es ein von der Mutter noch nicht vollständig abgenabeltes älteres Geschwister hat oder zufällig andere Kleinfamilien an einem Freßplatz trifft, hat es Gelegenheit, mit diesen zu spielen. Häufig jedoch bleibt die Mutter seine einzige Gesellschaft.

Mit etwa zwei Jahren verläßt das Jungtier zeitweilig seine geliebte Mutter, um Spielnester zu bauen oder die nähere Umgebung mit allem, was dort zu entdecken ist, zu erforschen. Dabei wagt es sich nie weit von ihrer Seite und teilt nachts weiterhin mit ihr das Schlafnest. Getragen werden muß es in diesem Alter nur noch selten; die Mutter ist jedoch behilflich beim Überqueren von Baumlücken oder manchen anderen Hindernissen, indem sie ihren Körper als Brücke langstreckt. Im Alter von drei Jahren wird das Jungtier zunehmend unabhängig. Sobald ein neues Kind geboren wird, teilt das andere das Schlafnest mit der Mutter nicht mehr. Es bleibt aber noch in ihrem Gefolge und baut nun selbständig ein Nest in ihrer Nähe. Mit etwa vier Jahren entfernen sich die nun halbwüchsigen Affen allmählich immer weiter von ihrer angestammten Familie und verbringen zunehmend längere Zeiten allein oder in einer lockeren Gesellschaft mit etwa Gleichaltrigen. Bis zur Geschlechtsreife im Alter von sieben bis zehn Jahren haben sie sich vollständig von ihren Müttern getrennt.

Grundsätzlich bleiben junge Weibchen länger in der Nähe ihrer Mütter und des jüngeren Geschwisters als junge Männchen. Vermutlich lernen sie dabei das Einmaleins der

Angst vor der eigenen Courage:
Das Kleine hat sich zu weit von
der Mutter weggewagt.

Der angeborene Klammerreflex
der Babies ist eine Art
Lebensversicherung, wenn sich
die Mutter rasant durch die
Baumwipfel hangelt.

Säuglingspflege; denn wenn sie eines Tages selbst gebären, werden keine erfahrenen Mütter in der Nähe sein, die ihnen dabei helfen könnten.

Obwohl auch die Orangfrauen in ihren Kleinfamilien einsam umherziehen und sich wenig für andere Artgenossen zu

interessieren scheinen, kennen sie zumindest die Tiere persönlich, deren Territorien ihre eigenen überlappen. Sie führen letztendlich eine lose Gemeinschaft. Manchmal begegnet man sich, doch es muß nicht unbedingt sein.

Ob die Neugeborenen und die Jungtiere unter dem Nomadenleben seelisch leiden, werden wir nicht klären können. In Zoos zeigen sich gerade junge "Waldmenschen" häufig apathisch oder depressiv. Bei Intelligenzprüfungen, welche die amerikanische Psychologin Duane Rumbaugh durchführte, war ein zweijähriger Orang-Utan erfolgreicher als alle Gorillas und Schimpansen, die ebenfalls geprüft wurden. Der kleine Orang-Utan zeigte sich außerordentlich erfinderisch im Gebrauch von Zweigen als Werkzeuge, mit denen er angebotene Früchte in Reichweite holen konnte. So wurde in freier Natur beobachtet, wie ein junger

Orang-Utan an einer Liane von einem Baum zum anderen schwang. An seinem Ziel angekommen, band er die Liane sorgfältig zwischen den Pflanzen fest, anstatt sie zurückschwingen zu lassen, und vereitelte damit die Bemühungen eines ihn verfolgenden Tieres, die Lücke zu überwinden.

Insbesondere das Miteinander und die bedingungslose Liebe zwischen der Orangmutter und ihren einzelnen Nachkommen bleibt in den schwer zugänglichen Regenwäldern Borneos und Sumatras auch heute noch weitgehend unerforscht. Zu scheu und distanziert zeigt sich diese Affenart in ihrem natürlichen Lebensraum.

Vielleicht werden wir es niemals ganz genau erfahren: das mit der geduldigen Liebe! Schon heute hat kein Neugeborenes mehr eine große Zukunft. Viel zu laut dröhnt das Geräusch der unzähligen Motorsägen in den letzten Rückzugsgebieten der Orang-Utans. Viel zu schnell rückt die menschliche Zivilisation vor, um diese Schönheit für immer zu zerstören, und noch viel zu leise sind die Stimmen, die begriffen haben, worum es eigentlich geht.

So gibt es derzeit nicht einmal zuverlässige Bestandszahlen über die Gesamtpopulation des "Waldmenschen" auf Borneo und Sumatra. Vielleicht sind es noch 10.000 rote Affen, die durch den Regenwald einsam ihres Weges ziehen, vermutlich aber viel weniger.

Grundsätzlich
bleiben junge
Weibchen länger
bei ihren Müttern
als junge
Männchen.
Sie lernen bei
der Geburt
eines Geschwisters
das Einmaleins der
Säuglingspflege.

linke Seite:
Junger Orang-Utan
benutzt ein Stöckchen
als Hammer.
Worauf er damit
einschlägt, weiß nur
er selbst.

Regenwald mußte für
diese Gummiplantage
weichen. Der Größen-
vergleich der Gummi-
bäume mit dem
stehengebliebenen
Wurzelstock eines
Urwaldriesen ist
beeindruckend und
deprimierend zugleich.

Auch was gut schmeckt und bekömmlich ist, muß das Kleine erst noch lernen.

Nicht alles ist angeboren. Vieles muß ein Baby in den ersten drei Lebensjahren von seiner Mutter lernen.

Nicht nur Früchte, auch Blumen, wie diese Schmetterlingsblüten, stehen auf dem Speiseplan.

Eine Unterhaltung zwischen Orang-Kindern ist immer eine lustige Sache. Da sie der Sprache nicht mächtig sind, kommt Händen und Mimik eine wichtige Rolle zu.

Häufig beobachten wir, wie Orang-Utans Nahrungsbrei in einen aus Blättern geformten Teller spucken, begutachten und dann schließlich essen.

Mangostane, eine der Lieblingsspeisen – nur ist sie noch nicht reif.

Neugierig steckt dieses Orang-Kind alles in den Mund, was genießbar aussieht.

Spielen und essen macht müde.
Daumenlutschend ist das Kleine
eingeschlafen.

Neugierig und mit
staunenden Blicken
erkunden Orang-Utan-
Kinder ihre Umgebung
und lernen dabei.

Ein gespitzter Mund signalisiert Erregung.

Dieser hier kaut ganz entspannt ein Stück Rinde als Kaugummiersatz.

Die Mimik der Menschenaffen
ist ausdrucksstärker als die aller
anderen Tiere: Erstaunt,..
traurig,.. erzählend ...

rechte Seite:
Das Sumatra-Nashorn hat mit nur noch wenigen Exemplaren bisher überlebt. Im Gegensatz zu seinen afrikanischen Vettern in offenen Steppenlandschaften ist dieses Nashorn ein versteckt lebender Waldbewohner.

Diese Raupe schützt sich mit langen Haaren vor Freßfeinden.

Schier endlos ist die Karawane der Termiten.

Futuristisch sind die Bauten der Termiten.

86

Der gefährlichlich aussehende
Rhinozerosvogel ist ein
harmloser Fruchtfresser.

Unüberhörbar:
Der Rosenbrustsittich.

Ein leuchtender Edelstein im
Regenwald ist der
insektenfressende
Schwarznacken-Blauschnäpper.

Der Kellenschnabel aus der
Familie der Breitrachen baut ein
kunstvolles Hängenest.

Der reißende Bohorok-Fluß mit seinen fast unzugänglichen Uferbereichen im Gunung Leuser Nationalpark im Norden von Sumatra ist Lebensraum für eine Vielzahl von Tier- und Pflanzenarten und bringt in der tropischen Hitze eine willkommene Abkühlung für Mensch und Tier.

Orang-Utans sind Langschläfer. Zum einen natürlich zwangsläufig. Das Leben am Rande des Äquators beschert ihnen dauerhaft lange Nächte. Zum anderen haben es die "Waldmenschen" nur selten eilig. Der Tag wird genossen, die mittägliche große tropische Hitze unbedingt gemieden, und ein Nickerchen am Tage ist fast eine Selbstverständlichkeit.

Erste Priorität bei der Wahl des Schlafplatzes hat das Panorama; der umgebende Wald muß stets gut einsehbar sein.

Die Gefährdung durch Beutegreifer ist sicher der Grund, weshalb Orangs nachts auf Bäumen schlafen. In der Abenddämmerung klettert der "Waldmensch" auf eine für ihn geeignete Astgabel und biegt mit seinen kräftigen Armen Äste nach innen, um ein federndes Laubnest zu produzieren. Erste Priorität bei der Wahl des Schlafplatzes hat das Panorama; der umgebende Wald muß stets gut einsehbar sein. Das Nestbauverhalten an sich ist angeboren, doch betrachtet man die verschiedenen Nester von unterschiedlichen Individuen,

so erkennt selbst der menschliche Laie das Nest eines Künstlers, eines Unbegabten oder eines Pfuschers. Grundsätzlich gilt natürlich auch bei den Orang-Utans: Übung macht den Meister. Und mancher schafft es halt nie!

Das Nestbauverhalten der Orangs ähnelt dem seiner nächsten Verwandten, der Schimpansen und der Gorillas, unterscheidet sich jedoch in einem wichtigen Punkt: Orang-Utans bauen häufig Dächer aus Ästen, um sich vor den großen Niederschlagsmengen der südostasiatischen Regenwälder zu schützen. Gelegentlich kehren wilde Orang-Utans zu ihrem Schlafnest zurück, um sich nach dem Frühstück auszuruhen. Die Nester werden jedoch selten mehr als eine Nacht benutzt; die Affen ziehen es vor, jeden Abend ein frisches Bett zu fertigen. Selten nächtigen sie in dem Fruchtbaum, in dem sie gefressen haben, damit sie von Nahrungskonkurrenten oder Beutegreifern nicht entdeckt werden, die durch die Früchte und die Wahrscheinlichkeit, dort Beutetiere anzutreffen, angezogen werden. Oft wählen sie ihren Schlafbaum allerdings nicht weit entfernt, damit sie es nicht so weit zum Frühstückstisch haben.

Zu den Hauptfeinden der Orang-Utans zählen mehrere große Raubtiere, zum Beispiel der am Boden schleichende Tiger und die Rothunde, die auf Sumatra zu finden sind, sowie die Nebelparder, die als flinke Kletterer insbesondere Jungtieren nachstellen. Aber auch große Pythonschlangen können junge Orang-Utans erbeuten, wenn diese sich auf den Waldboden wagen. Dort werden sie zudem von blutsaugenden Egeln belästigt.

Das Nestbauver-
halten an sich ist
angeboren. Doch
grundsätzlich gilt:
Übung macht den
Meister. Ältere Tiere
verfügen über mehr
Erfahrung und bauen
ihre Schlafnester
meist schneller und
auch in höheren
Baumkronen als
jüngere.

Dieser noch sehr junge Orang-Utan zeigt große Sorgfalt beim Bau des Schlafnestes. Er biegt mehrere geeignete Äste mit seinen bereits kräftigen Armen nach innen und verflicht sie zu einer Matratze für ein federndes, aber stabiles Laubnest.

Nachdem die Mulde mit feinen
Zweigen und Blättern
ausgepolstert ist, beginnt der
gemütliche Teil ...

Die erste Begegnung zwischen Menschen und Orang-Utans erfolgte vor etwa 35000 Jahren auf Java. Vermutlich war dieses erste ungewollte Treffen für beide Seiten sehr überraschend und aufregend; denn sowohl der Mensch als auch der Orang-Utan konnte auch ohne die heute weitgehend übliche Begrüßungszeremonie eine gewisse Ähnlichkeit in Erscheinungsbild, Mimik und Gestik nicht übersehen. Tatsache ist jedoch, daß die ähnlichen Geschöpfe zumindest in der Wahl ihrer Nahrung und in ihren Eßgewohnheiten unüberwindbare Barrieren aufwiesen. Während die komischen roten Wesen bevorzugt Früchte ernteten und häufig auch Baumrinde genossen, was ihnen zwangsläufig ein vollmundiges Aussehen gab, waren

Viele der gefangenen Tiere werden auf dem Transport verletzt. Dieser Kleine hat einen Arm verloren.

25.000 US Dollar werden auf dem illegalen internationalen Handels-markt für ein Orang-Utan-Baby gezahlt. Auf die meisten Affen wartet ein grausames Schicksal, das häufig mit dem Tod endet.

die Frühmenschen auf Java eher den fleischlichen Dingen zugeneigt und fanden in dem "Waldmenschen" recht schnell eine willkommene Bereicherung ihres Speiseplanes. Heute, im späten 20. Jahrhundert, ist es uns Menschen sehr wohl bewußt, daß wir in bestimmten Verhaltensweisen, Ansprüchen und Bedürfnissen oft zu Übertreibungen neigen. So war es schlicht die Überbejagung durch die Frühmenschen, die für die Ausrottung des Orang-Utans auf Java sorgte.

Auf Borneo waren es die überlieferten Kopfjägerriten so mancher Dajakstämme, insbesondere die der blutdürstigen Ibans, die den Orang-Utans schwer zu schaffen machten. Entsetzt über die barbarischen Bräuche, hatten die britischen Kolonialherren das Erbeuten von Menschenköpfen als Trophäen im malayischen Teil von Borneo verboten. Die Ibans fanden in Orang-Utans adäquaten Ersatz und jagten sie mit mächtigen Blasrohren, deren Pfeile vergiftet waren, schnitten ihnen die Köpfe ab und wurden dann in ihren jeweiligen Stämmen zu mutigen Kriegern gekürt. Eine weitere Mutprobe verlangte, daß der Dajakkrieger sich im Einzelkampf mit einem großen Orangmann maß. Der Kämpfer griff seinen Gegner auf dem Boden an und streckte eine Hand als Köder aus. Fast immer versuchte der Affe, die hingehaltene menschliche Hand zu fassen und zu beißen.

Daraufhin konnte der Ibankrieger die greifenden Arme des Orang-Utan, mit seinem scharfen Dschungelmesser aufschlitzen, seinen viel kräftigeren Gegner damit außer Gefecht setzen, um dann den begehrten Affenkopf zu erbeuten. Heute sind glücklicherweise solche Kraftproben gesetzlich verboten, da der Orang-Utan sowohl in Malaysia als auch in Indonesien voll geschützt ist.

Im 19. Jahrhundert waren es die vielen Sammler und Wissenschaftler, die auf Borneo tote wie auch lebendige Orang-Utans genauso eifrig anhäuften, wie sie Schmetterlinge sammelten, wobei kaum einer darüber nachdachte, wie sich ihr Eingriff auf die Affenpopulation auswirkte.

Zu Hunderttausenden landeten sie auf den Seziertischen der Wissenschaft, wo sie fachgerecht skelettiert wurden. Alles diente in erster Linie der Verwandtschaftsforschung. Zu Tausenden wurden sie in die Zoos in aller Welt befördert und galten insbesondere in Europa und in den Vereinigten Staaten als Tierparkattraktionen.

Noch heute müssen die Orang-Utans in perversen Schmerzversuchen den Forschern dienen. In der Aidsforschung

Das Grab eines Orang-Utans zeigt eine besondere Beziehung zwischen Mensch und Affe.

finden Primaten verschiedenster Art als Ersatz für Menschenversuche eine immer stärkere Verwendung. Mensch und Orang-Utan besitzen zu 97,5 % identisches Erbgut. Der Orang-Utan steht damit an dritter Stelle der genetischen Verwandtschaft zum Menschen. Nur Schimpanse und Gorilla stehen dem Homo sapiens noch näher. Die Affen fungieren häufig als Blut- und Hirnlieferanten. Sie werden zumeist ohne Narkose bearbeitet, da Narkotika die Ergebnisse der Herzfrequenz- und Hirnstammessungen verfälschen würden. Ein unendlicher Leidensweg für unsere nächsten Verwandten, von dem auch der Orang-Utan stark betroffen ist.

Zusätzlich blüht der illegale Handel mit den sympathischen und farbenprächtigen Geschöpfen wie noch nie.

25.000 US-Dollar werden auf dem internationalen illegalen Handelsmarkt für ein Orang-Utan-Baby gezahlt, um die Gier der Verbraucher zu befriedigen. Doch die Biologie des Orang-Utans zeigt, daß dieser illegale und schwer zu unterbindende Handel mindestens zwei Opfer hat. Die ersten drei Lebensjahre bleiben die Neugeborenen in einer festen Mutter-Kind-Beziehung und verlassen den Körper des Muttertieres nur selten. Um an die begehrten Handelsobjekte gelangen zu können, töten die hemmungslosen Tierfänger in den meisten Fällen die Affenmütter und haben dann mit den hilflosen Babys ein leichtes Spiel. Auf ein Orang-Utan-Baby, das lebend den Tierhändler erreicht, kommen fünf bis sechs tote Tiere, da sehr viele Babys entweder schon beim Absturz vom Baum oder auf dem Transport qualvoll verenden.

Als Hauptumschlagsplatz für den Ausverkauf dieser Tierart gilt die thailändische Metropole Bangkok. Von dort aus gelangen die Orang-Utan-Babys hauptsächlich in die Zoohandlungen Taiwans und dienen letztendlich den oberen Gesellschaftsschichten als beliebtes Spielzeug. Sind sie dann eines Tages ausgewachsen, werden sie ihren Besitzern lästig und landen in den zahlreichen Zoos oder in den Abdeckereien Südostasiens.

Entlang des Sekonyer-Flusses im 250 000 hagroßen Tanjung-Puting-Nationalpark im Südwesten von Borneo geht es zum legendären Camp Leakey, wo die berühmte Birutė Galdikas ihre Forschungen und ihre Auswilderungsstation betreibt.

Eigentlich sollte es ein großer Tag werden, doch die achtstündige Bootsfahrt mit dem kleinen Fischkutter entlang dem malerischen, von Dschungel gesäumten Sekonyer-Fluß war ziemlich zermürbend. Die ganze Fahrt harrten wir, bewaffnet mit unzähligen Fotoapparaten, auf dem Bootsdach aus und ließen uns unfreiwillig von der tropischen Sonne braten. Manchmal wurde uns schwarz vor Augen, und wir waren einem Sonnenstich näher als einem geeigneten Fotomotiv. Ab und zu ein paar Nasenaffen oder ein Eisvogel, manchmal eine Gruppe Hornvögel, aber alles viel zu weit entfernt, um brauchbare Fotos machen zu können.

Endlich sind wir am Ziel. Vor uns leuchtet der große Aussichtsturm des legendären Camp Leakey auf. Hier, im 250.000 ha großen Tanjung-Puting-Nationalpark im Südwesten von Borneo, wirkt Birutė Galdikas, eine Frau, die sich seit 1971 der Erforschung wilder "Waldmenschen" und später zusätzlich auch der Auswilderung illegal gehandelter und vom Staat beschlagnahmter Orang-Utans widmet. Eine Woche wollen wir in dem Camp bleiben, das nach dem berühmten amerikanischen Paläoanthropologen Louis Leakey benannt ist. Dieser außergewöhnliche Professor hatte schon Jane Goodalls einmalige Schimpansenstudie in den sechziger Jahren und Dian Fosseys Erforschung der Berggorillas 1966

in die Wege geleitet. Ende der sechziger Jahre unterrichtete er auch Birutė Galdikas am Zweig der University of California in Los Angeles und sandte die damals 25jährige zwei Jahre später in den kaum erforschten Dschungel von Borneo.

Doch wir wissen schon, wir werden die berühmte "Affenfrau" in dieser Woche nicht im Camp antreffen. Sie weilt derzeit in Kanada, um an der Simon Fraser University in British Columbia für ein halbes Jahr motivierten Studentinnen und Studenten ihr Wissen zu vermitteln. Wir hoffen dennoch, brauchbare Informationen über den Erfolg oder den Mißerfolg der Orang-Utan-Auswilderung zu erhalten; denn die Station ist ganzjährig von ihren vielen Helfern besetzt.

Unser Bootsführer legt an. Wir packen unsere Sachen zusammen und bewegen uns auf einem holprigen, endlos langen Holzsteg in Richtung Camp. Wir sind sehr gespannt. Was wird uns erwarten? Werden wir freundlich empfangen oder sind die Forscher genervt von den unzähligen Journalisten und Fotografen, die hier mit der Genehmigung der Nationalparkverwaltung schon aufgetaucht sind, um ihrer Arbeit nachzukommen?

Ja, wir werden freundlich empfangen. Am anderen Ende des Weges taucht im verschleierten Sonnenlicht plötzlich ein Empfangskomitee auf. Es sind zwei junge Burschen, die uns schon längst erspäht haben. Jetzt bringen sie ihre kleinen Körper freudig in Bewegung. Wie zwei große Enten watscheln sie etwas unsicher auf dem holprigen Steg entlang, gleich werden sie uns erreicht haben. Uns wird etwas komisch zumute, denn es handelt sich um Orang-Utans. Ein Ausweichen ist kaum möglich. Wir müßten ins Flußwasser springen. Aber es ist zu spät: jeweils zwei überlange Arme geben uns eine kräftige Umarmung. Liebe kann schon erdrücken. Die Zärtlichkeit der beiden kleinen Teufel will kein

*Das Empfangskomitee: Zwei
junge Orang-Utan-Burschen.
Als sie uns sehen, bringen sie
ihre noch kleinen, aber schon
sehr kräftigen Körper freudig in
Bewegung.*

*Ankunft im Camp Leakey mit
seinem endlos langen, holprigen
Holzsteg, der zur
Auswilderungsstation führt.*

Ende nehmen. Ihren angeborenen Klammerreflex bringen sie mit ihren breiten Körpern voll zur Geltung. Die Umarmung wird langsam lästig. Die beiden wollen einfach nicht loslassen und sehen in uns vermutlich einen Mutterersatz; denn sie haben, wie sich viel später herausstellte, ihre Mutter schon im zarten Babyalter verloren. Eine Befreiung erweist sich als ein fast aussichtsloser Kraftakt, und das, obwohl es sich bei diesen beiden Orang-Utans noch um Kinder handelt. Eben zwei kleine Kraftprotze, die zusätzlich die

Eng umschlungen sitzen diese beiden jungen Orangs auf der Fütterungsplattform. Sie wirken traurig und verängstigt. Vielleicht werden sie den Verlust ihrer Mutter niemals verkraften.

Angewohnheit haben, störende Anhängsel in menschlichen Gesichtern, wie z. B. Nasen, in den Mund zu nehmen, um sie zu entfernen. Vielleicht hätten sie sich die entfernt verwandten Nasenaffen mit ihren enorm großen Zinken als Adoptiveltern suchen sollen.

Endlich werden wir befreit. Ein freundlicher junger Einheimischer, der leider kein Englisch spricht, wohl aber die Orang-Utan Sprache beherrscht, ist unser Retter in höchster Not. Wir merken sofort, daß das, was uns eben widerfahren ist, schon häufiger geschehen sein muß; denn der Mann ist bewaffnet mit einem Stöckchen, und die Orang-Utans lassen von uns ab und trotten den Steg entlang hinter uns her. Uns geleitet der Befreier in das sichere Camp, wo wir erfrischen-

den kalten Tee serviert bekommen und die üblichen Genehmigungen vorzuzeigen haben, die wir von der Nationalparkverwaltung erhalten hatten. Gestikulierend versucht der freundliche Indonesier, uns zu verstehen zu geben, daß in einer Stunde die tägliche Fütterung der ausgewilderten Orang-Utans in der Nähe des Camps stattfinden wird. Wir werden daran teilnehmen.

Es ist kurz vor drei Uhr am Nachmittag. Drei Männer tragen insgesamt sechs alte Eimer. Die meisten sind mit Bananen gefüllt, zwei mit einem Gemisch aus Milch und Wasser. Alle Helfer scheinen fröhlich und unterhalten sich lautstark, während sie mit ihren einfachen Gummisandalen, den verwaschenen kurzen Hosen und den kurzärmligen Hemden auf einem bereits ausgetretenen Pfad in den Regenwald aufbrechen. Ausgerüstet mit Kameras und schützender Tropenkleidung folgen wir ihnen gerne. Keine zwanzig Minuten brauchen wir, bis wir eine hölzerne Plattform erreichen. Umringt sind wir von zehn Orang-Utans unterschiedlichen Alters und Geschlechts: einer Mutter mit Baby, mehreren Jungtieren und einem ausgewachsenen Orang-Utan-Mann mit ca. 150 Kilogramm Lebendgewicht, der, ausgestreckt auf dem Rücken liegend, fast die gesamte Plattform einnimmt. Niemals zuvor haben wir solch einen großen und fetten Orang-Utan in Freiheit gesehen. Jede seiner langsamen Bewegungen scheint ihn anzustrengen, und auf den ersten Blick wirkt er auf uns so, als nähme er das Geschehen um sich herum kaum wahr. Nach Aussagen der Helfer ist dieser Orang-Utan über dreißig Jahre alt und ein häufiger Gast während der täglichen Fütterungen durch die Mitarbeiter des Camp Leakey.

Das von Menschenhand bereitete Mahl ist schnell verzehrt. Alle Affen erhalten ihren Anteil an Bananen und die jüngeren Individuen zusätzlich einen kräftigen Schluck des Wasser-Milch-Gemisches, das sie durch das Eintauchen ihrer Köpfe in die bereitgestellten Eimer gierig aufnehmen. Diese ganze Zeremonie erinnert ein wenig an die bekannten

Es ist Fütterungszeit
im Camp Leakey.
Die letzten Meter zur
Fütterungsplattform
legen diese beiden
Rotpelze auf dem
Boden zurück.
Bei diesem Endspurt
erreichen sie eine
„affenartige"
Geschwindigkeit.
Der Hunger
treibt sie an.

Orang-Utans verfügen über ein recht breites Spektrum von Trinktechniken. Das Eintauchen mit dem Kopf in den Trog gehört sicher zu den primitivsten Methoden, ist aber sehr effektiv.

Der ältere scheint da schon
etwas zivilisierter. Dennoch, ein
kleines Lätzchen wäre an dieser
Stelle ganz bestimmt angebracht
gewesen.

Ein erwachsenes Weibchen als echte Genießerin zeigt, wie man's macht. Diese Trinktechnik ist zwar etwas mühsamer, aber viel weniger verschwenderisch.

Gallier, die ihren Zaubertrank erhalten, um dann gestärkt zu neuen, außerordentlichen Taten zu schreiten. Alle an diesem Nachmittag anwesenden "Waldmenschen" zeigen weder Scheu noch Fluchtdistanz. Wir befinden uns inmitten von ihnen, und zumindest den Affen wäre es wohl kaum aufgefallen, wenn auch wir uns an dem Bananenschmaus und dem Zaubertrank angemessen beteiligt hätten. Es ist eindeutig: Diese Affen kennen die Menschen sehr genau und sind hier im Tanjung-Puting-Nationalpark irgendwann zu einem für uns unbekannten Zeitpunkt ausgewildert worden.

Das Wiedereinbürgern oder das Aussetzen von in Gefangenschaft gehaltenen oder gar gezüchteten Tierarten war in den achtziger Jahren das am meisten kontrovers diskutierte Thema des weltweiten Natur- und Artenschutzes. Heute sind sich führende Wissenschaftler und Naturschutzorganisationen einig darüber, daß das Aussetzen von in Gefangenschaft gehaltenen und gezüchteten Tieren der jeweiligen Art mehr schadet als nützt. Insbesondere gezüchtete Tiere, aber auch solche, die über einen längeren Zeitraum in Gefangenschaft und damit in menschlicher Obhut ihr Dasein gefristet haben, weisen häufig schwerwiegende und irreparable Veränderungen bezüglich ihres Nahrungs-, Flucht- und Sexualverhaltens auf. Ein Überleben solcher Individuen in einer Wildpopulation ist durch diese Fehlprägungen nicht nur sehr unwahrscheinlich, sondern zusätzlich ein häufig nicht wiedergutzumachender Eingriff in eine intakte Wildpopulation. Meist sind solche Auswilderungen und Aussetzungen von Tieren gutgemeinte Hilfsmaßnahmen. Häufig ist es aber auch die menschliche Arroganz und der naive Fortschrittsglaube zu meinen, die Natur und deren Abläufe nach Belieben manipulieren zu können. Alles ist möglich, alles ist machbar!

Der Orang-Utan ist in dieser Aussetzungskampagne ein echter Sonderfall. Es handelt sich bei den ausgewilderten

Das „große Fressen" ist beendet;
was bleibt, ist die Sehnsucht auf
den nächsten Gang.

Ein junger Orang-Utan-Kapitän geht auf Entdeckungsreise, überprüft sein Schiff und den Proviant. Wohin die Reise schließlich gehen soll, entzieht sich unserer Kenntnis.

108

Daß sich eine Schüssel viel besser als Hut eignet als zum Kochen, demonstriert dieser junge Bursche recht anschaulich.

Individuen um keine "Zuchtprodukte", sondern um Geschöpfe, die in der freien Natur geboren wurden und dann von Menschen illegal ihrem Lebensraum entrissen worden sind. Eine Auswilderung erscheint also mehr als legitim; fast eine Pflicht gegenüber einer vom Aussterben bedrohten Tierart, deren Lebensraum die Regenwälder Borneos und Sumatras sind. Doch es bleiben die Fragen: Inwieweit sind die in Gefangenschaft und auf den Menschen geprägten Affenbabys überhaupt noch für ein Leben in der Wildnis tauglich? Können Orang-Utans, die über Monate und manchmal Jahre in abnormen Verhältnissen vegetiert haben, von Menschen gefüttert, vielleicht gequält und in ihrem natürlichen Verhalten mißbraucht worden sind, sich wieder an ihren natürlichen Lebensraum gewöhnen? Können sie wirklich in einem Lebensraum überleben, in dem die Nahrung zu bestimmten Jahreszeiten knapp ist, in dem natürliche Feinde wie Krokodile, Rothunde, Nebelparder oder Tiger auf sie warten und in dem sie auf Artgenossen treffen, die in ihnen Konkurrenten statt Partner sehen? Viele Fragen, die bis zum heutigen Tage auf befriedigende Antworten warten. Keine der heute insgesamt sieben bekannten Auswilderungsstationen für Orang-Utans auf Borneo und Sumatra kann eine seriöse Studie offenlegen, wie viele ihrer in der Vergangenheit rehabilitierten und in die Freiheit entlassenen Orang-Utans heute noch leben oder wie erfolgreich sie sich in die neue Freiheit eingegliedert haben.

Für Birutė Galdikas waren diese Fragen in ihrem Unternehmen Orang-Utan niemals die entscheidenden. Ihr Rehabilitationsprojekt helfe, sagt sie, den illegalen Handel zu begrenzen, weil die Behörden nur dann Menschenaffen konfiszieren, wenn sie wissen, wo sie die Tiere anschließend unterbringen können. Überdies sei ihr Projekt eine hervorragende Werbung für den Schutz von Menschenaffen. Für die Forscherin haben die Orang-Utans immer Priorität.

Risikoforschung lehnt sie kategorisch ab. So wollte ein Wissenschaftler, mit dem sie 1979 zusammen gearbeitet hatte, den zur Auswilderung erfolgreich trainierten Orang-Utans operativ Peilsender implantieren. Dadurch wären die Bewegungen der Orangs innerhalb des Untersuchungs-gebietes simultan zu verfolgen gewesen.
Doch Birutė Galdikas verwarf den Vorschlag, obwohl er für sie eine große wissenschaftliche Chance geboten hätte, mit der Begründung, daß sie sich nicht mit einem Projekt beschäftigen könne, von dem sie genau wisse, daß es die Gesundheit auch nur eines Orang-Utans gefährden könne. Eine Implantation eines Peilsenders in einen Affenkörper brächte nach ihrer Meinung ein solches gesundheitliches Risiko.

Ein sehr kleines Risiko allerdings gegenüber den Gefahren, die in allen Auswilderungsstationen tatsächlich bestehen. Wegen ihrer engen genetischen Verwandtschaft mit uns Menschen sind Orang-Utans empfänglich für Krankheiten wie Tuberkulose, Kinderlähmung, Hirnhautentzündung oder Hepatitis. Tiere, die sich in Menschenobhut befanden und in die freie Wildbahn entlassen werden, können daher zu Krankheitsüberträgern werden und lebensbedrohliche Infektionen, die sich im Lager noch kontrollieren lassen, in ganze Populationen einschleppen. Die "Auswilderungs-kandidaten" wie auch die Pfleger müßten nicht nur regelmäßig untersucht werden, sondern Mensch und Affe dürften letztendlich keinerlei körperlichen Kontakt haben. Zwar wirkt das Posieren mit einem Affenbaby auf dem menschlichen Arm sehr anschaulich und mitleiderregend, ist jedoch bei einem Tier, das in naher Zukunft wieder in einer Wildpopulation von Affen leben soll, nicht angebracht. Andererseits brauchen Affenwaisenkinder engen Körper-kontakt mit einer Ersatzmutter, um überleben zu können. Schwerwiegender ist jedoch das, was Verhaltensbiologen einfach Prägung nennen, und diese hält ein Leben lang.

Kein Aufputschmittel, sondern schlicht Milch in einer Nuckelflasche gibt diesem Baby die nötige Kraft für die nächsten Stunden.

Junge einheimische Pfleger kümmern sich um die einst illegal gehandelten und dann vom Staat beschlagnahmten kleinen Rotpelze in einer eigenen Babystation unweit von Camp Leakey. Später sollen sie wieder in die Freiheit zurückgeführt werden.

Stundenlang geben sich die Jungen dem Spiel hin. Purzelbaumschlagen macht diesem Kleinen besonders viel Spaß.

Kleinere Streitigkeiten zwischen Halbwüchsigen werden kurzerhand mit einem Kinnhaken beigelegt. Spielen schult auch das Schlichten von sozialen Konflikten.

... Zwei, drei, noch vier Stunden bis zur nächsten Fütterung!

Ein Pfleger von der Station 'Bohorok' auf Sumatra trägt seinen Pflegling in den Wald zurück. Doch dieser ist lieber bei den Menschen und wird in Kürze wieder in der Station auftauchen.

Einmal fehlgeprägt - immer fehlgeprägt, so wie die Lorenzschen Gänse, die Gummistiefeln hinterherwatschelten statt ihren Artgenossen. Gleiches geschieht leider auch in den meisten Rehabilitationszentren für Orang-Utans. "Wie eine Klette klammerte sich der Zögling an seine auserkorene Adoptivmutter. Schon beim zaghaftesten Versuch, ihn wegzunehmen, fletschte er die Zähnchen, schlug um sich und trat in alle Himmelsrichtungen. Die unerfahrene Besucherin hatte den Fehler gemacht, das Orang-Baby ein bißchen mit in den Wald nehmen zu wollen. Sie hatte die Hoffnung, daß das Affenkind bald wieder von allein zur Station zurücklaufen würde. Je fremder dem Kleinen der Wald jedoch wurde, desto fester klammerte er sich an seine inzwischen ausgelaugte Ersatzmutter. Er wog immerhin gut 15 Kilogramm."

Ein anderer Fall war der Orang-Utan "Sugito": Das niedliche Orang-Utan-Kind wurde von Birutĕ Galdikas über Jahre hin aufgezogen. Es entwickelte sich prächtig. Aus dem einst schuhschachtelgroßen Baby entwickelte sich ein stattlicher und aufgeweckter Orang-Utan-Knabe.

Im Alter von sieben Jahren veränderte er sein Wesen. Er wurde zum "Mörder". Zunächst ertränkte er andere Neugeborene im Fluß, dann wollte er einen menschlichen Besucher auf die gleiche Art umbringen. Ein anderes Mal versuchte er, ein Weibchen zu vergewaltigen. Allerdings nicht eines seiner eigenen Art, sondern die Köchin von Galdikas.

Ähnliches mußte "Tarzanfrau" Bo Derek erleben. Während der Dreharbeiten zu ihrem Tarzanfilm griff der eigentlich handzahme Orang-Utan in das Geschehen ein. Als sich Tarzan und Jane vor laufender Kamera lieben sollten, kam es zu einem ganz besonderen Höhepunkt. Mühelos riß er den sportlichen, knapp zwei Zentner schweren Tarzan-Darsteller O'Keefe vom Geschehen weg. "Wir rangen mit ihm geschlagene eineinhalb Stunden", erinnerte sich die attraktive Schauspielerin. Der rote Teufel war schlicht eifersüchtig auf den Affenmenschen und verteidigte seine Angebetete bis aufs Messer.

Auch wir erlebten im Camp Leakey Unglaubliches und rieben uns vorsichtshalber die Augen, doch es war einfach wahr. Eines Abends kamen wir an den uns vertrauten Bootssteg. Zwei junge Frauen hatten gerade am Fluß ihre Abendtoilette beendet. Eigentlich nichts Ungewöhnliches,

bis auf die Tatsache, daß eine Orang-Utan-Mutter mit ihrem Baby bei ihnen stand und mit erwartungsvollem Blick nach etwas die Hand ausstreckte. Wir trauten unseren Augen nicht. Sie bettelte um ein Stück Seife und begann, sich damit einzuseifen. Dabei ließ sie weder Gesicht noch Kopfpartien aus und machte dabei den Eindruck, als ob diese Zeremonie für

Etwas wackelig steht man auf nur zwei Beinen. Gut, daß es ein Geländer gibt!

Zwei junge Frauen im Camp
Leakey haben am Fluß gerade
ihre Abendtoilette beendet.
Eigentlich nichts Ungewöhliches,
bis auf die Orang-Utan-Dame
mit Kind, die höflich um ein
Stück Seife bittet.

einen Orang-Utan selbstverständlich und alltäglich wäre. Nach dem Einseifen erfolgte eine sorgfältige Spülung und zusätzlich eine genüßliche Zahnreinigung, wobei ihr der Unterschied zwischen Seife und Zahncreme nicht bewußt zu sein schien.

Zwei Tage brauchten wir in Jakarta, um vom Forstministerium der indonesischen Regierung eine Betretungs- und Fotogenehmigung für die kaum bekannte und erst seit 1991 bestehende Auswilderungsstation für Orang-Utans "Wanariset" nahe der Küstenstadt Balikpapan zu erhalten. Geführt wird diese Station von dem 36jährigen Willie Smits in enger Zusammenarbeit mit dem indonesischen Forstministerium. Ursprünglich wollte der niederländische Agrarexperte nur für zwei Jahre an einem Regenwald-Forschungsprojekt teilnehmen. Aus den zwei Jahren wurden bis heute neun und gehalten hat ihn die "Faszination Urwald".

„Neues Leben zu säen, wo schon der Tod eingezogen war" - dieser Aufgabe hat sich Willie Smits verschrieben. Unter seiner Regie entstand in sieben Jahren ein Projekt, das weit in die Zukunft reichen wird. Auf einer Insel mit den größten zusammenhängenden Urwäldern der Erde haben die Indonesier uralten Regenwald gleich flächenweise abgeholzt, um nötige Devisen zu erhalten. Als Gegeninitiative gründeten verschiedene Institutionen das Projekt "Tropenbos" - der holländische Begriff für Tropenwald -, darunter die UNO-Organisationen UNESCO (unter anderem zur weltweiten Förderung der Wissenschaft) und FAO (zur Förderung der Landwirtschaft), die Europäische Union, die Weltbank und die Internationale Tropenholz-Organisation ITTO. Das gemeinsame Ziel ist einfach: Aufforstung und damit Wiederherstellung von Regenwaldgebieten. Wir blieben insgesamt sieben Tage im Tanjung-Puting-Nationalpark. Es war eine schöne Zeit. Hautnah erlebten wir die verschiedenen "Waldmenschen" während ihrer täglichen Fütterung und konnten außer dem eindrucksvollen Bildmaterial zusätzlich wertvolle und individuelle Beobachtungen zum differenzierten Verhalten einzelner Orang-Utans sammeln. Unklar blieb lediglich, inwieweit die durchgeführten Auswilderungen erfolgreich verlaufen waren. So beschlossen wir, eine weitere Rehabilitationsstation für Orang-Utans, etwa tausend Kilometer entfernt und an der Ostküste von Borneo gelegen, aufzusuchen.

Herzstück seiner Station "Wanariset" mitten im Tropenwald ist das Herbarium, in dem die winzigen Urwaldpflanzen sorgsam gezüchtet werden. Willie Smits hat frühzeitig erkannt, daß er nur dann Orang-Utans erfolgreich auswildern kann, wenn er langfristig ausreichenden neuen Lebensraum für diese Primaten schafft. Bislang galt die Faustregel: Bereits vernichteter Regenwald wächst nicht mehr nach. Von sich aus vermehren sich etwa die in Indonesien

*Die Orang-Dame seift sich
genüßlich ein. Warum nicht?
Auch Affen werden schließlich
mal schmutzig.*

*Auch das Kleine bekommt ein
paar Spritzer ab. Es scheint dem
Tun seiner Mutter gelassen
zuzusehen, während diese den
„herrlichen" Schaum kostet.*

weitverbreiteten Meranti-Bäume - eine von achttausend heimischen Baumarten - äußerst langsam.

Sie blühen nur alle vier bis sechs Jahre, andere Arten sogar nur alle 13 Jahre. Der Versuch, junge Merantis anzupflanzen, scheiterte zunächst kläglich. Die gepflanzten Stecklinge wurden nach wenigen Wochen gelb und starben ab.

Nach und nach kam das "Tropenbos-Team" hinter das Geheimnis tropischen Wachstums. Viele Fehlschläge waren nötig, bis sie herausfanden, daß etwa 80 Bedingungen erfüllt sein müssen, damit sich ein Setzling entscheidet, mal ein großer Urwaldbaum zu werden. So brauchen Meranti-Bäume zum Beispiel einen Pilz, der sich um ihre Wurzeln ausbreitet, zwingend zum Überleben. Durch ihn bekommt der Baum Hormone, Vitamine und Antibiotika, die ihn vor Krankenheiten schützen. Als Gegenleistung erhält der Pilz vom Baum Kohlehydrate in Form von Zucker und Stärke. Ein echte Symbiose also.

Mit Hilfe eines Computerprogramms und viel Finger-spitzengefühl hauchten die Tropenbosleute abgerodeten Flächen schließlich doch Leben ein. Inzwischen wurden über 100 Millionen Setzlinge eingepflanzt, einige sind bereits zu meterhohen jungen Merantis herangewachsen. Langsam aber sicher wird ein neuer Biotop entstehen, der ein Zusammenleben von Pflanzen und Tieren wieder möglich machen wird. Zusätzlich wächst mit den neuen Urwäldern ein anderes Bewußtsein bei den Einheimischen heran. Etwa 15 Millionen Indonesier leben von der Holzwirtschaft. Sie haben nur eine Chance bei einem schonenden Umgang mit ihrem Wald. Konkret bedeutet das: pro Hektar Fläche mit ausgewachsen Bäumen dürfen nur sechs bis acht Exemplare geschlagen werden. Auch der indonesische Staat hat aufgrund der „Tropenbos"-Erfolge bereits Gesetze zum Schutz des Urwaldes erlassen.

Holzhändler, die bei der Rodung eines ganzen Gebietes

Die Arme sind zu lang, die Beine sind zu kurz für den eleganten Auftritt auf dem Laufsteg! Es ist offensichtlich: Auf dem Erdboden sind die Waldmenschen recht unbeholfen, sie sind für das Leben in den Bäumen geschaffen.

Die australische Tierärztin Dr. Kristin Warren während der Behandlung eines Orang-Utan-Babys in der Krankenstation von „Wanariset".

Um keine ansteckenden Krankheiten, wie z.B. Tuberkulose oder Hepatitis, auf die Affen zu übertragen, arbeiten die Pfleger in der Rehabilitationsstation „Wanariset" im Südosten von Borneo mit Gummihandschuhen.

erwischt werden, verlieren ihre Konzession. Mit solchen Maßnahmen versucht das Land, Tropenholz zu etablieren, das ökologisch vertretbar gewonnen wurde. Natürlich wäre es noch sinnvoller und besser, wenn es gelänge, den noch vorhandenen Regenwald dauerhaft zu bewahren.

Ach ja, und dann wären da noch die Orang-Utans. Um ihren gefährdeten Bestand zu schützen, hat Smits so ganz nebenbei eine Auswilderungsstation mit Klinik und Quarantänestation in "Wanariset" eingerichtet. Und weil dieser Holländer Dinge entweder richtig oder gar nicht anfaßt, betreut er inzwischen über hundert der rotbraunen Menschenaffen. "Viele von ihnen", prophezeit er, "werden überleben." Empfangen werden wir von der australischen Tierärztin Dr. Kristin Warren, die etwas gehetzt wirkt, uns dann aber doch ausführlich die gepflegt wirkende Station vorführt. Allerdings nicht, bevor sie uns eindringlich gebeten hatte, keine Affen zu berühren. Sie selbst trägt sterile Kunststoffhandschuhe. Als erstes begutachten wir die Quarantänestation, nachdem wir vorher unsere Gesundheitszeugnisse vorgelegt hatten. Wir bekommen weiße Kittel und Pantoffeln, die wir mit unseren verschmutzten Schuhen auszutauschen haben. Etwa zwanzig Orang-Utans befinden sich hier vorläufig in isolierten Käfigen. Die meisten von ihnen sind Babys, viele nicht älter als ein Jahr, die bis vor kurzem ihr Dasein noch in menschlicher Gesellschaft fristen mußten - illegal natürlich. Sie wurden vom Staat irgendwann beschlagnahmt und nach "Wanariset" transportiert. Viele wirken ängstlich, apathisch und verstört, einige wenige dagegen lebhaft und keck. Viele verschiedene traurige Augen schauen uns furchtsam an. In uns entsteht Haß. Haß auf solche Menschen, die für wenig Geld diese Babys ihren Müttern gewaltsam entrissen haben, und Haß auf solche Menschen, die für viel Geld diese winzigen Geschöpfe den Tierfängern abnehmen und damit ein Affenleben in Freiheit vorsätzlich verhindern. Jeder in "Wanariset" eingelieferte

Orang-Utan-Babys
nehmen genauso
wie ihre menschlichen
Verwandten im
gleichen Alter die
meisten Dinge erst
einmal in den Mund.
Eine genauere
Untersuchung mit den
Händen erfolgt
meist viel später.

In einem 11000 ha großen
Auswilderungsgebiet wurden die
ersten Pfleglinge von
„Wanariset" in die neue Freiheit
entlassen. Für Affe und Mensch
ist die Lossagung voneinander
ein schmerzlicher Schritt, der
nicht immer leichtfällt.

*Klettertraining in der
Babystation.*

*Spielend lernen die Kleinen mit
ihrem zukünftigen Lebensraum,
dem Regenwald,
zurechtzukommen. Nur wenn sie
ihn ganz genau kennen, können
sie in ihrer neuen Freiheit auch
wirklich überleben.*

Orang-Utan wird von der Tierärztin Dr. Kristin Warren einer sorgfältigen Untersuchung unterzogen. Viele von ihnen leiden unter Hepatitis oder Tuberkulose, und das bedeutet automatisch so lange Quarantäne, bis diese ansteckenden Krankheiten vollständig ausgeheilt sind. Leiden die Affen nicht unter ansteckenden Krankheiten, beträgt die Quarantänezeit meist zwei bis drei Wochen, so lange, bis die Laborergebnisse die Sicherheit bringen, daß eine Übertragung auf andere Individuen ausgeschlossen werden kann. Anschließend kommen die Orang-Utans zusammen

Orang-Utans kennen keine Hektik. Sie finden immer ein paar Minuten, um zu träumen...

mit möglichst gleichaltrigen Artgenossen in sogenannte Sozialisierungskäfige. Je nach Alter verbringen sie hier drei bis zehn Monate in kleineren Gruppen und werden auf das Leben in der neuen Freiheit vorbereitet. Sie lernen ein Schlafnest zu bauen und werden mit den Fruchtarten vertraut gemacht, die sie später nach der Auswilderung in ihrem neuen Lebensraum finden und als Nahrungsquellen nutzen werden. Für Babys ist diese Vorbereitungszeit entsprechend länger, da sie zusätzlich erst einmal das sichere Klettern in den Bäumen bis zur Perfektion zu lernen haben. Nur so können sie in der "neuen Freiheit" wirklich überleben.

Das 11.000 Hektar große Auswilderungsgebiet Sungei Wain liegt etwa dreißig Kilometer von der Rehabilitationsstation entfernt und ist ein primäres Regenwaldgebiet mit ausreichendem Nahrungsangebot für die Orang-Utans. Das Besondere an diesem Urwald ist die Tatsache, daß es keine Wildpopulation von Orang-Utans aufweist; denn die oberste Maxime des Tropenbos-Konzeptes bei der Auswilderung von Orang-Utans ist die unbedingte Vermeidung einer Vermischung der Wildpopulation mit den Rehabilitierten und somit bereits domestizierten Affen aus der Auswilderungsstation "Wanariset". Eine weise Entscheidung, die auf den langjährigen Studien und den daraus resultierenden Empfehlungen zur Auswilderung ehemals in Gefangenschaft gehaltener und aufgezogener Orang-Utans des holländischen Forschers Dr. Herman Rijksen beruht, der selbst viele Jahre ein Auswilderungsprojekt auf Sumatra wissenschaftlich begleitet und ausgeführt hat. Er warnt sehr eindringlich vor einer Vermischung - nicht nur wegen der bereits ausführlich beschriebenen medizinischen Gefahren, sondern auch deshalb, weil es keinen Sinn macht, in eine intakte Wildpopulation, deren Individuenzahl durch den immer knapper werdenden Lebensraum sowieso schon an der oberen Grenze angelangt ist, weitere Tiere einzubringen.

Das Projekt "Wanariset" gibt uns viel Zuversicht, auch wenn das Vorhaben noch sehr jung ist und die wissenschaftlichen Begleituntersuchungen, die das Auswilderungsprojekt unterstützen, längst noch nicht abgeschlossen sind.

Während der regelmäßigen
täglichen Fütterung der Orangs
sind in einigen
Auswilderungsstationen wie hier
in Bohorok auf Sumatra, auch
Besucher in einem angemessenen
Abstand zugelassen.

Direkten Kontakt zu den Affen
haben allerdings nur ausgebildete
Pfleger, zu denen auch die
Waldmenschen Vertrauen
haben.

Meinungsverschiedenheit auf der
Fütterungsplattform. Nicht
immer war es klar, wer gerade
das Zepter führt.

Nächste Doppelseite:
Wenn es im Urwald regnet,
wächst das Prasseln der Tropfen
zu einem tosenden Rauschen.
Fünf Minuten oder gar Stunden
werden alle anderen Geräusche
übertönt.

Übernächste Seite:
Der glasklare Bohorok-Fluß im
Gunung Leuser Nationalpark
auf Sumatra.

*Zärtlichkeiten zwischen
Waldmenschen sind in
Auswilderungsstationen häufig
zu beobachten.*

Schaut der Orang-Utan-Freund in die einschlägige Literatur, so wird er diesen Primaten als äußerst wasserscheu beschrieben finden. So gelten natürliche Flußläufe als unüberwindbare Hindernisse und somit gleichzeitig als Reviergrenzen zum Beispiel für rivalisierende Männchen. Das Element Wasser scheint dem "Waldmenschen" nicht zu liegen. So ist er der einzige Menschenaffe, der seine Schlafnester häufig auch überdacht, um sich in der langen Regenzeit auf Borneo und Sumatra vor den niederprasselnden Tropfen zu schützen. Auch am Tage, wenn der Niederschlag allzu heftig wird, verwenden Orang-Utans nicht selten Blätter, die sie sich als Regenschutz über den Kopf ziehen.

Natürlich gibt es wie immer auch Ausnahmen. So wurde auf Borneo eine Orang-Utan-Frau beobachtet, wie sie mit ihrem Kind, das sie huckepack auf ihrem Rücken trug, einen etwa 30 Meter breiten und einen Meter tiefen Fluß überquerte. In der rechten Hand hielt sie einen armdicken langen Stock, den sie als eine Art Tiefenmesser benutzte. Sie überquerte diesen Fluß recht zügig, woraus der Beobachter schloß, daß dieses Weibchen schon mehrfach Erfahrung mit der Überquerung von Fließgewässern gemacht hatte. Anreiz für dieses bei Orang-Utans ungewöhnliche Vorgehen waren einige mit reifen Früchten überladene Mangobäume, die am gegenüberliegenden Ufer mit reichlicher Nahrung lockten.

Auch uns bot sich im Leuser-Nationalpark im Norden Sumatras ein Wasserschauspiel besonderer Art mit Orang-Utans. Es war ein ungewöhnlich heißer Tag. Während der größten Nachmittagshitze beschlossen wir, uns durch ein erfrischendes Bad in einem friedlich wirkenden Gebirgsfluß ein wenig abzukühlen. Wir wußten jedoch nicht, daß wir während der wohlverdienten Abkühlung in dem Gewässer von der anderen Uferseite aus in angemessener Entfernung von zwei roten Wesen aufmerksam beobachtet wurden.

Wir sahen die beiden Orang-Utans - eine Mutter mit ihrem halbwüchsigen Jungen - erst, als sich ganze Bäume und die über das Flußufer ragenden kräftigen Äste plötzlich auf unnatürliche Art und Weise heftig bewegten. Dann ließ sich das Weibchen kopfüber auf das kühle Element nieder, wobei die Beine in den weit ausladenden Baumästen einen fest Halt fanden. Es spitzte die Lippen und begann direkt von der Wasseroberfläche zu trinken. Ihr gewitzter Nachwuchs dagegen hatte eine ausgereiftere Technik entwickelt. Die Hand als Kelle benutzend, schöpfte der Kleine das Kühle Element direkt in den Mund. Als Krönung der Vorführung nahmen beide anschließend beide, frei baumelnd, aber mit den Füßen gut gesichert, noch ein erfrischendes Kopfbad. Das bereitete dem Kleinen sichtlich soviel Freude, daß er, wie um ein Lied zu pfeifen, sein Gesicht verzog. Es war ein köstliches Schauspiel, das etwa zehn Minuten andauerte, bis sich die beiden Orang-Utans entschlossen, zurück in den dichten Regenwald zu wandern, wobei sie sich laut raschelnd von Ast zu Ast schwangen. Wir sahen sie nie wieder.

Orang-Utans gelten als wasserscheu.
Wenn sie auch nicht richtig baden gehen, so erfrischen
sie sich doch ganz gerne mal am sicheren Ufer.

Mit einer Hand an einer Liane gesichert, trauen sich diese beiden sogar an das steile Ufer eines Urwaldflusses im Gunung Leuser Nationalpark.

Dieser Halbwüchsige hat eigene
Techniken entwickelt: Er spritzt
sich mit einer Hand das Wasser
direkt in den Mund ...
... oder formt aus der Hand
einen Trinkhalm.

Trinken nach Orang-Utan-Art:
Das „Überkopf-Trinken" ist die
sicherste Methode, den Durst zu
stillen. So hat der Tiger keine
Chance.

Orang-Utans
duschen verkehrt
herum: mit beiden
Beinen an einem
überhängenden Ast
festgeklammert,
bespritzt sich dieses
erwachsene
Weibchen mit dem
kühlen Flußwasser.

Badefreuden
im Urwald …

Der Könner: Dreifach an
Lianen gesichert, schöpft er mit
der noch freien Hand elegant das
Wasser zum Mund.

Die mit zahlreichen Flüssen durchzogenen Regenwälder Borneos müssen sich die Waldmenschen mit einigen anderen Primaten-Arten teilen.

Das prominenteste Merkmal der Nasenaffen ist ihr Riechorgan. Aus den niedlichen, nach oben zeigenden Stupsnäschen der Affenkinder entwickeln sich bei den Männchen bombastische Gurkennasen.

S eit unzähligen Stunden sitzen wir nun schon in dem kleinen Holzboot. Bei jeder kleinsten Bewegung schwappt das tiefgrüne Flußwasser über den Bootsrand. Wir befinden uns auf dem Barito-River im Süden von Borneo. Langsam bricht die Dämmerung herein. In einer halben Stunde wird die Sonne untergegangen sein.

Die feuchte Tropenluft hat sich nur wenig abgekühlt, und der Regenwald ist vom Zirpen der Zikaden, von dem melodischen Gesang der Gibbons und dem Geschrei der Papageien erfüllt. Wird es wieder ein erfolgloser Tag? Es wäre der dritte, und zumindest meine Geduld neigt sich dem Ende zu.

Ganz still sind wir, und dann kommen sie. Über zwanzig komische Wesen: rötlich-braunes Fell, helle Arme und Beine, ein überlanger Schwanz, einige mit riesigen Nasen im Gesicht. Dazu mischen sich grunzende, quiekende, brüllende und nasal hupende Geräusche. Es sind Nasenaffen.

Ganz vorsichtig beäugt der Anführer die Umgebung. Wird er uns wahrnehmen? Nein! Ein lautes, tiefes Grunzen ist sein Zeichen. Die Horde, bestehend aus mehreren jungen Männchen und etlichen Weibchen mit ihren Kleinen, folgt ihm in die Kronen der Mangroven. Dort nimmt der Pascha gemütlich Platz, winkt sich ein Weibchen heran und begattet es. Jetzt passiert das Unglaubliche: Mit mächtigem Geschrei stürzen die Kleinsten herbei und ziehen mit ihren noch winzigen Händen den Alten an dem etwa zehn Zentimeter langen Riechorgan. Wahrlich eine Respektlosigkeit, doch der Haremschef ist in diesem Augenblick machtlos. Genervt und vielleicht bei seiner Lieblingsaufgabe abrupt behindert, läßt er von dem Weibchen ab, springt wie von einer Hornisse gestochen mindestens zehn Meter weit zu dem nächsten greifbaren Männchen und gibt ihm eine kräftige Abreibung. Der Arme, völlig unschuldig, weiß nicht, wie ihm geschieht, und beginnt fürchterlich zu schreien.

Der Haremschef duldet keinen Widerspruch. Wenn Drohungen nichts nützen, kann es zum Kampf kommen. Besonders bei aufmüpfigen, rangniedrigen Männchen kennt er kein Pardon.

Bestimmt sind die Weibchen an allem Schuld: So wie die Pfauendamen die Männchen mit den prächtigsten Schwanzfedern bevorzugen, stehen Nasenäffinnen eben auf große „Zinken".

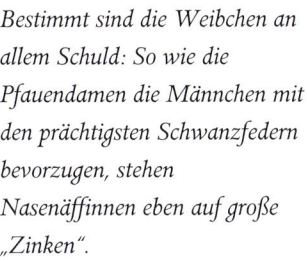

Nur auf Borneo, in den unberührten Mangrovensümpfen der Küste und küstennaher Flußabschnitte sind diese seltsamen Wesen zu finden. Sie ernähren sich vorwiegend von Blättern, die sie dank ihres mit Gärkammern und speziellen Bakterien ausgestatteten Magens leicht verdauen können. Das prominenteste Merkmal dieser Tiere ist natürlich ihr Riechorgan. Aus den niedlichen, nach oben gewölbten Stupsnasen der Affenkinder entwickeln sich bei den Männchen bombastische "Zinken", die weit über den Mund reichen. Beim Fressen muß die lästige Nase zur Seite gehalten werden.

Bestimmt sind die Weibchen an allem schuld: So wie die Pfauendamen, die Männchen mit den prächtigsten Schwanzfedern bevorzugen, stehen Nasenäffinnen eben auf große "Zinken", und immerhin schart ein stattlicher Nasenaffen-Mann etliche Gattinnen um sich.

Ein wirklicher Vetter des Orang-Utans ist der Gibbon. Sein melodischer Gesang ist im borneanischen Dschungel weithin zu hören. Auch er bevorzugt die Früchte der Bäume, nur das Nomadenleben des Orangs ist nicht seine Sache. Gibbons paaren sich auf Lebenszeit und leben in kleinen Familienverbänden von einem Männchen, dessen Auserwählter sowie ein oder zwei Kleinen. Zu den Hauptaufgaben dieser Verbände gehört die strenge Bewachung des Territoriums. Jeden Morgen wirft jedes Männchen den Anrainern ein paar Trompetenstöße entgegen. Die Nachbarn reagieren auf diese Herausforderung mit lauten Rufen und gigantischen Imponiersprüngen. Während die Männchen dabei in Wallung kommen, fallen die Weibchen mit einem immer schneller werdenden, trillernden Geschrei ein, das mehr an einen Kanarienvogel erinnert. Manchmal arten diese morgendlichen Konfrontationen auch in wüste Schlachten aus, bei denen die Kontrahenten einander durch die Bäume ja-

gen. Doch in der Regel reichen die vokalen Drohungen aus, um die Nachbarn fernzuhalten und den Burgfrieden bis auf weiteres zu sichern. Ist der Familienstolz gewahrt und der Landbesitz gegen ungebetene Gäste gesichert, begibt man sich gemütlich auf die Suche nach der Lieblingsspeise, den Feigen. Mit ihren überlangen Armen schwingen sie wie eine geübte Artistentruppe durch das Geäst. In federleichten Sprüngen werden riesige Entfernungen bewältigt. Vom Papa gefolgt, hüpft der männliche Nachwuchs meist voran, während Mama mit dem Baby die Nachhut bildet.

Während die jungen Tiere heranwachsen, werden die Väter immer ungeduldiger mit ihnen. Vermutlich der patriarchalen Herrschaft überdrüssig, verlassen sie die Familie, um sich selbständig zu machen, was gewöhnlich heißt, daß sie eine Weile an den Grenzen der väterlichen Domäne umherstreunen. Solange sie den Nachbarfamilien nicht in die Quere kommen, werden sie auch gerne geduldet. Daß man einen einsamen Grenzgänger großherzig übersieht, heißt natürlich nicht, daß er fremde Frauen abwerben darf. Als ein Jüngling, wie wir beobachten konnten, sich eine Gefährtin eroberte, erfolgte ein wütender Angriff durch die erboste Nachbarschaft. Der arme Narr mußte seiner frischen Liebe entsagen und Junggeselle bleiben. Vermutlich wartet er nun darauf, ein noch freies oder durch das Ableben eines der herrschenden Könige vakant gewordenes Revier zu erobern.

Auf Borneo weit verbreitet sind mehrere Langurenarten, die ebenso wie die Nasenaffen bevorzugt die Mangrovensümpfe an den Flußläufen besiedeln. Javaneraffen und Schweinsaffen sind sehr häufig anzutreffen. Sie gehören beide zur Gattung der Makaken und dringen sogar bis in menschliche Siedlungen vor. Insbesondere die Schweinsaffen wurden uns aufgrund ihres aggressiven Verhaltens beim Betteln um Futter manchmal sehr lästig.

144

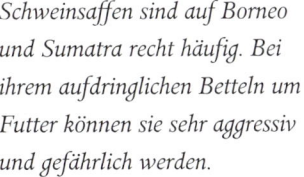

Das Nomadenleben der Orangs ist nicht seine Sache. Der Borneo-Gibbon paart sich auf Lebenszeit und harmoniert in kleinen Familienverbänden mit ein bis zwei Kindern.

Schweinsaffen sind auf Borneo und Sumatra recht häufig. Bei ihrem aufdringlichen Betteln um Futter können sie sehr aggressiv und gefährlich werden.

145

Der englische Name „Crab-eating Macaque" deutet schon an, daß Javaneraffen gern ins Wasser gehen. Dort fischen sie unter anderem nach Krebstieren. Dieser Wagemutige überquer einen Fluß mit einem Kopfsprung.

„Wassersport" macht müde. Die langen Eckzähne der männlichen Javaneraffen machen sie zu wehrhaften Tieren.

Das Leben der meisten Bewohner auf Borneo und Sumatra ist schlicht und einfach. Auch wir paßten uns den Gegebenheiten stets an. In diesem Camp mitten im Regenwald lebten wir viele Tage.

Auf menschenfressende Wesen, wie die vom Stamm der Ibans, trafen wir auf Borneo nicht. Wir begegneten stets nur freundlichen und hilfsbereiten Menschen.

Nächste Doppelseite:
Tag und Nacht sind in der Nähe des Äquators das ganze Jahr hindurch mehr oder weniger gleich lang. Da die Sonne senkrecht auf- und untergeht, sind Morgen- und Abenddämmerung sehr kurz.

Der Fotograf

Konrad Wothe, geboren 1952 in München, entdeckte schon im Alter von acht Jahren seine Freude an der Fotografie. Beim Wettbewerb "Jugend forscht" wurde seine selbstkonstruierte 360-Grad-Panoramakamera mit dem ersten Preis ausgezeichnet. Nach dem Abitur filmte er für Heinz Sielmann, anschließend studierte er Biologie und erhielt 1979 das Diplom mit Hauptfach Zoologie an der Universität München. Seitdem arbeitet Konrad Wothe als freier Naturfotograf und Tierfilmer. Seine Bilder wurden beim internationalen Naturfotowettbewerb der BBC mehrfach prämiert und wanderten mit den Siegerfoto-Ausstellungen um die ganze Welt.

Foto- und Filmreisen führten ihn u. a. nach Indien, Sri Lanka, Borneo, Sumatra, Ostafrika, Madagaskar, Nord-, Mittel- und Südamerika und in die Antarktis. Seine Bilder erschienen in zahlreichen Fachbüchern und Bildbänden sowie in namhaften Magazinen: Stern, Bunte, Geo, Kosmos, National Geographic u. v. a. m. Seine Filme drehte er vorwiegend für das Zweite Deutsche Fernsehen.

Der Autor

Carsten Clemens, geboren 1961 in Kiel, erlernte den Beruf des Landschaftsgärtners und studierte anschließend an der Christian-Albrechts-Universität zu Kiel im Fach Biologie mit dem Schwerpunkt Ornithologie. Seitdem arbeitet er als freier Diplom-Biologe im Bereich des Natur-und Artenschutzes. Carsten Clemens wurde mehrfach für sein engagiertes Auftreten im Naturschutz ausgezeichnet, u. a. mit dem Sven-Simon-Preis 1990 in Berlin. Weiterhin schrieb er zahlreiche wissenschaftliche und populärwissenschaftliche Veröffentlichungen zu den verschiedensten Themen des Natur- und Artenschutzes in Fachzeitungen, Tageszeitungen und Illustrierten. Forschungsreisen führten ihn nach Norwegen, Südeuropa, Australien, Mittel- und Südamerika, Südostasien und nach Rußland. Zusammen mit Konrad Wothe bereiste er in den Jahren 1993 bis 1995 für jeweils sechs Wochen die Lebensräume der Orang-Utans auf Borneo und Sumatra.

Weitere Naturbücher aus dem Tecklenborg Verlag

Die schnellsten Katzen der Welt

In diesem eindrucksvollen Fotoband werden außergewöhnliche Gepardenbilder der Natur- und Tierfotografen Fritz Pölking und Norbert Rosing gezeigt. In Bild und Text zeichnen die Autoren ein einfühlsames Portrait der schnellsten Raubkatze der Welt, das sowohl den Tierfreund als auch den Naturfotografen begeistern

wird. Der Reiz des Buches liegt insbesondere in den großformatigen Farbbildern, die die Tiere in stimmungsvollen und teilweise einmaligen Situationen zeigen.

Fritz Pölking / Norbert Rosing
Geparde
Die schnellsten Katzen der Welt
128 Seiten, 142 Farbbilder
Gebunden, 31 x 24 cm
DM 68,-
ISBN 3-924044-11-2

In der Kälte der Arktis

Norbert Rosing reiste als Naturfotograf seit 1988 viele Male an die Küste der Hudson Bay in Kanada, um den Eisbären in seiner natürlichen Umwelt zu fotografieren. Sensationelle Bilder entstanden. Dr. Ian Stirling, weltbekannter Verhaltensforscher in Edmonton, Kanada, bezeichnet Norbert Rosing sogar als „begnadeten Fotografen". So darf sich der Betrachter dieses Buches auf eine faszinierende Welt freuen, in die Norbert Rosing einführt. Begleiten Sie ihn durch die vier Jahreszeiten der Arktis. Lernen Sie das Leben und Wesen des Polarbären und die ihn umgebende Pflanzen- und Tierwelt kennen. Lassen Sie sich von den unendlichen Eisflächen, dem

Erblühen des kargen Tundrabodens und von Polarlichtern in Erstaunen versetzen. Die herrlichen Aufnahmen werden gerahmt durch kurzweilige Erzählungen, die den Leser hautnah ins Geschehen entführen.

Norbert Rosing
Polarbären
Im Reich des Polarbären
176 Seiten, 192 Farbbilder
Gebunden, 31 x 24 cm
DM 88,-
ISBN 3-924044-13-9

Die geheimnisvolle Katze

Der Leopard zählt zu den beeindruckendsten Tierarten, die wir kennen. In der Masai Mara, einem Naturreservat im Südwesten Kenias, fotografierte der international bekannte Natur-

fotograf Fritz Pölking über zwei Jahre eine Leopardin mit ihren Jungen. Erstmalig gelang es, die wichtigsten Jahre im Leben eines heranwachsenden Leoparden in Bildern festzuhalten. In oft einmaligen Fotos von bestechender Qualität und der tagebuchartigen Dokumentation erfahren Sie etwas vom zärtlichen und spielerischen Umgang der Mutter mit ihren Jungen wie auch über das beeindruckende Jagdverhalten der imposanten Katze.

Fritz Pölking
Leoparden
Die geheimnisvollen Katzen
152 Seiten, 154 Farbbilder,
Hardcover, 31 x 24 cm
DM 88,-
ISBN 3-924044-17-1